栄東中学・高等学校

SAKAE HIGASH… SCHOOL GUIDE …NIOR & SENIOR …CHOOL

JN121716

競泳世界ジュニア大会→金メダル
背泳ぎ→ハワイ、ペルー大会２連覇

国際地理オリンピック→銀メダル
国際地学オリンピック→銀メダル
気象予報士試験合格

最年少!! 15歳(中3)
行政書士試験合格

全国鉄道模型コンテスト
理事長特別賞

東京オリンピック第４位
アーティスティック スイミング

チアダンス
東日本大会優勝

栄東のクイズ王
東大王 全国大会 日本一!!

栄東の誇るサメ博士
サンシャインでトークショー

産経国際書展 U23大賞

〒337-0054 埼玉県さいたま市見沼区砂町2-77（JR東大宮駅西口 徒歩８分）
◆アドミッションセンター TEL：048-666-9288 FAX：048-652-5811

■国際学級帰国生入試
12月10日〔日〕午前

■一般学級入試
第１回　2月1日〔木〕午前
第２回　2月1日〔木〕午後
第３回　2月2日〔金〕午後
第４回　2月3日〔土〕午前

■国際学級入試
2月2日〔金〕午後

■入試説明会
第１回　11月18日〔土〕14:00～16:00（校内見学あり）
第２回　12月13日〔水〕13:00～15:00（校内見学あり）

■学校説明会
第４回　1月13日〔土〕14:00～16:00（校内見学あり）

※説明会は予約制となります。本校ホームページよりご予約ください。

東京女学館 中学校・高等学校
〒150-0012 東京都渋谷区広尾3-7-16
TEL:03-3400-0867 FAX:03-3407-5995
https://tjk.jp/mh/

中学受験直前対策号

入試直前

必勝ガイド

CONTENTS

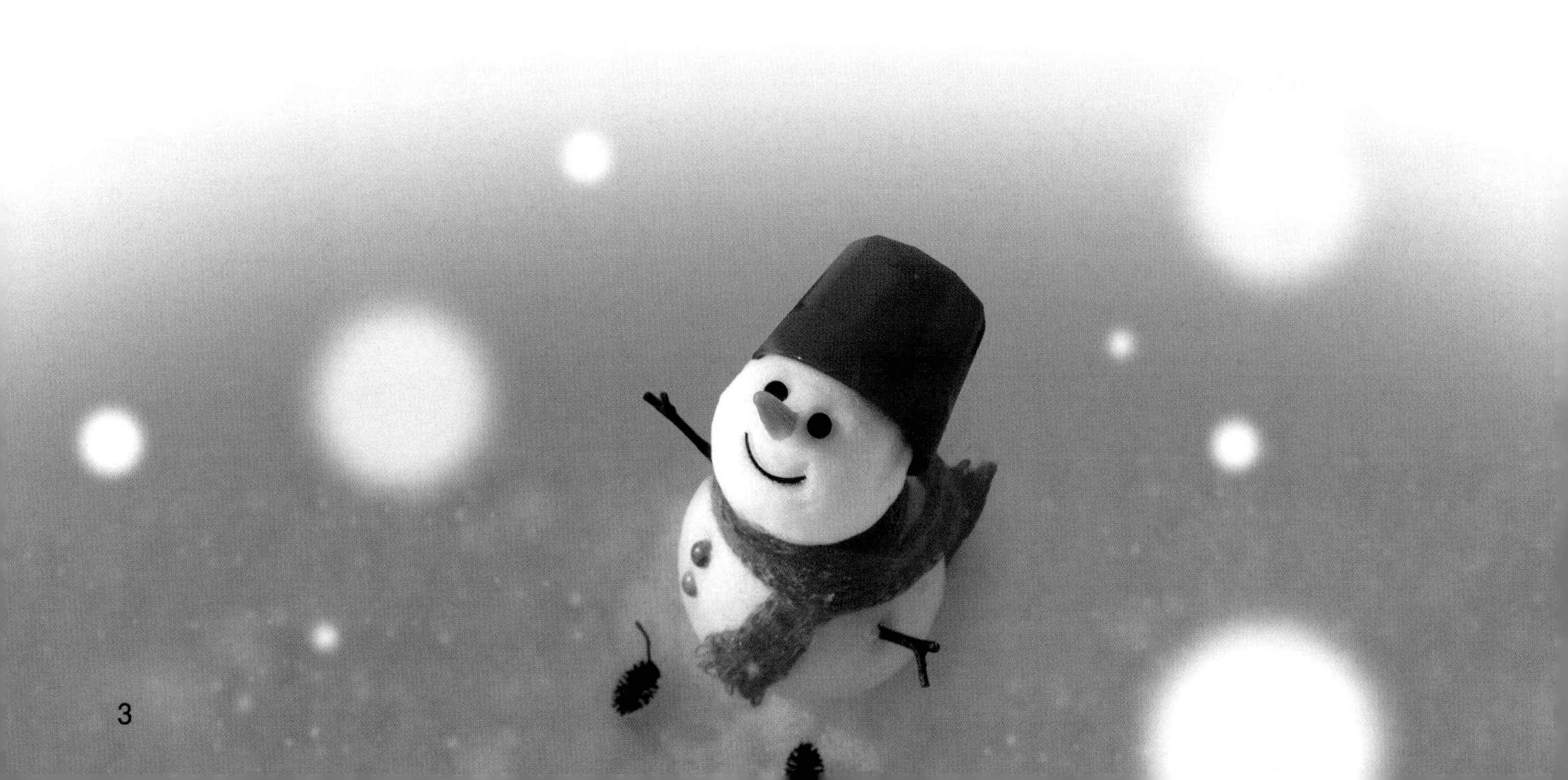

SHUTOKU　君はもっとできるはずだ

(2)cd−ab=(a+4)(a+6)−a(a+2)
=(a²+10a+24)−(a²+2a)
=a²+10a+24−a²−2a
=8a+24
ここで，aは奇数より，nを整数として，
a=2n+1と表すと，
cd−ab=8(2n+1)+24
=16(n+2)～16の倍数
よって，cd−abの値は16の倍数

2023 EVENT SCHEDULE

学校説明会　予約不要

場所：SHUTOKUアリーナ
時間：14：00～16：00
内容：学校紹介、個別入試相談、校舎見学

11／ 4(土)	12／ 2(土)
11／11(土)	12／ 9(土)
11／18(土)	2024 1／ 6(土) ※SHUTOKUホールにて実施
11／25(土)	2024 1／13(土) ※SHUTOKUホールにて実施

修徳中学校

〒125-8507　東京都葛飾区青戸8-10-1　TEL.03-3601-0116
JR常磐線･東京メトロ千代田線連絡「亀有駅」徒歩12分　京成線「青砥駅」徒歩17分
http://shutoku.ac.jp/

美 女子美術大学付属高等学校・中学校

JOSHIBI

Beauty in the soul

Friendship through art
bringing people together

ミニ学校説明会

12月　2日（土）
1月　6日（土）

公開授業

11月18日（土）

高等学校卒業制作展

2024年2月29日（木）～3月5日（火）
於：東京都美術館（予約不要）

卒業制作展以外は全て
予約制・上履き不要です

JOSHIBI Art in English
美術を通して英語を学ぶ

英語で美術の知識を身に付け
グローバルに活躍できる人材を
育成するカリキュラムを用意して
います。 公開授業にて
Art English の授業を見学する
ことができます♪

http://www.joshibi.ac.jp/fuzoku
〒166-8538 東京都杉並区和田1-49-8
［代表］TEL:03-5340-4541 FAX:03-5340-4542

＼必須アイテムをそろえよう！／

入試の持ちものクエスト

日々勉強に励むみなさん、試験当日の持ちものの用意はできていますか？　必要な持ちものがそろっていなければ、試験で力を発揮することはできません。この探検マップを見ながらアイテムを集めて、当日必要となる持ちものについておさらいしておきましょう。

START

←まず、欠かせないのが受験票です。インターネット出願の場合、プリントアウトを忘れずに。また、他校のものをまちがえて持っていかないように注意しましょう。学校ごとにファイリングすれば、わかりやすく、汚れも防げます。

受験票

→鉛筆ならHBのものを６～８本、シャープペンシルなら２～３本用意します。鉛筆は輪ゴムでまとめれば、机の上でも転がりません。鉛筆削りや替え芯も忘れずに。

筆記用具

消しゴム

←試験中に落としても大丈夫なように、２～３個用意しておくとよいでしょう。ゴムが硬すぎると、消したときに問題用紙が破れる可能性があります。やわらかくて良質なものを用意します。

腕時計

↙計算機能がないものを用意します。電池は入っているか、アラーム機能は切ってあるかなど、あらかじめ確認しましょう。学校によっては持ちこみを禁止している場合もあります。

カバン

↑マフラーや手袋などの小物類もまとめて入る、大きめのバックやリュックサックがおすすめです。ファスナーつきのものであれば、雨や雪で中身がぬれる心配もありません。

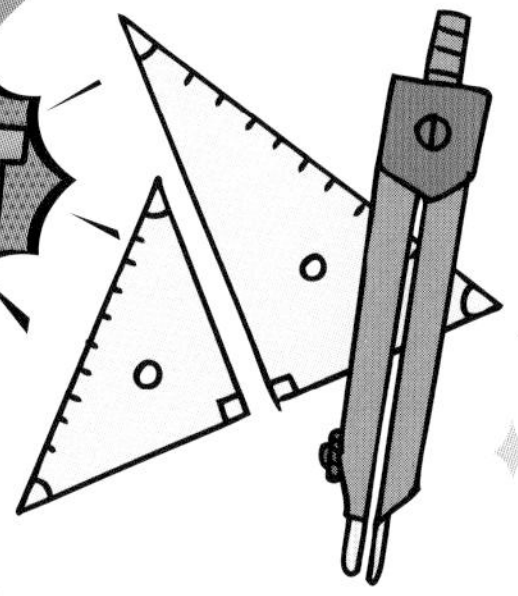

三角定規・コンパス

←持ちものに指定されているときは、忘れずに持っていきます。持ちこみ禁止の学校もあるので、よく確認しておきたいところです。分度器はほとんどの学校で持ちこみ禁止ですので、注意してください。

雨具

↑試験当日には、雨や雪が降ることも。傘だけでなく、レインコートや防水性の高い靴を準備しておけば、当日の朝にあわてずにすみます。ぬれたものを入れるビニール袋も持っておくと便利です。

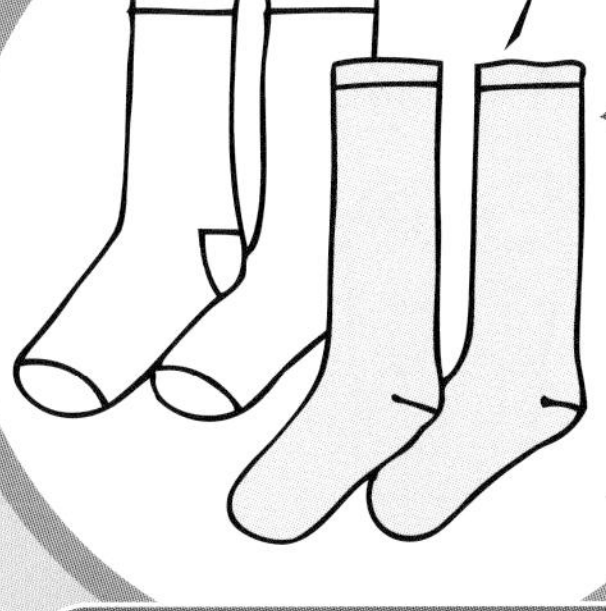

替えソックス

→雨や雪でぬれてしまったとき、靴下が冷たいままでは試験に集中できません。また、あとで風邪を引いてしまうことも考えられます。雨具とあわせて、忘れずに用意します。

ハンカチ・タオル

↑お手洗いで使うハンカチのほか、雨や雪で洋服やカバンがぬれたときのために、タオルも用意しておくと万全です。新品は水分を吸収しにくいことがあるので、一度洗濯しておくことをおすすめします。

上ばき

↑いつも学校ではいているものでかまいません。汚れていないか確認し、必要であれば洗っておきます。スリッパは脱げたり、滑ったりしやすいので避けましょう。

ティッシュペーパー

←鼻をかむ以外にも、あると重宝するのがティッシュペーパーです。消しゴムのカスを包んで捨てたり、机がガタつくときに下にはさんだりと、さまざまな場面で大活躍します。

消毒液

→新型コロナウイルス感染症についても、まだまだ油断は禁物です。持ち運びに便利な小型のハンドジェルや消毒液などで、こまめに対策をしましょう。殺菌効果のあるウェットシートも併用するとなお安心です。

マスク

→自分の体調管理だけでなく、まわりの人への配慮のためにも、なるべくマスクは着用しておきたいところです。予備のマスクはケースに入れたり、個包装のものを選んだりしましょう。

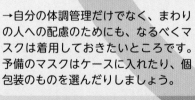

↓午後にも入試や面接試験があるときは必要です。緊張して食が進まないことも考えられるので、保護者のかたは、消化によいおかずを中心に、ひと口サイズで食べきれる量を小分けするなどの工夫をしてあげてください。

お弁当

カイロ

↑寒い受験シーズンだからこそ、用意しておきたいのがカイロ。衣服に貼るタイプや足裏用など、さまざまな種類があるので、必要に応じて準備します。低温やけどを防ぐために、カイロケースもあるとよいでしょう。

飲みもの

←温かい飲みものは身体を温め、緊張を和らげます。小型のマグボトルは保温性が高く、カバンにも入れやすいスグレものです。中身はホットの麦茶や、のどが痛いときは蜂蜜入りのホットレモネードなどがGOOD。

ブラシ・手鏡

←面接試験で重要になるのが、見だしなみです。ブラシや小さな鏡はかならず用意しましょう。洋服についたホコリを取り除くエチケットブラシなどもあると便利です。

交通機関用ICカード

↑朝の通勤・通学の時間帯は、駅は大変混みあいます。ICカードを使って、スムーズに移動できると安心でしょう。事前に残高を確認しておき、必要であればチャージしておきます。

お金

→交通機関用ICカードの残金不足や、指定文房具を忘れたときなどに使います。自動券売機で高額紙幣を崩せない場合も想定して、小銭も用意しておきます。

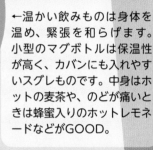

保護者の持ちもの

受験生のサポートにまわる保護者も、しっかりとアイテムの準備をしておきたいところ。トラブルを想定して、持っておくべきものを考えましょう。

たとえば…

携帯電話

受験生は携帯電話を会場に持ちこむことができません。交通機関の遅延など、学校への緊急連絡が必要になった際は、保護者の携帯電話を使用することになります。

メモ帳

保護者の待機用に控室が用意されていることもあります。問題や解答が掲示されることがあるので、書き取り用にメモ帳があるとよいでしょう。だからといって、試験後の受験生にアレコレとたずねるのは禁物です。

そのほかあると便利なもの

学校案内や願書のコピー

面接試験があるかたは、待ち時間などに目をとおして、内容の最終確認をしておきましょう。受験票と同様に、クリアファイルに入れておけば、サッと取りだして確認できます。

お守り

ふだんからお守りを持ち歩いているかたもいるのではないでしょうか。お守りがあると、気持ちが落ちつくと思います。みなさんの努力が実を結びますように。

参考書

受験勉強で使いこんだ参考書やノートが手もとにあれば、「これまでがんばってきた成果をだしきろう!」と力が湧いてくるでしょう。漢字や年号など、短時間で復習できるものがおすすめです。

のどあめ・トローチ

緊張で口が渇いてしまったときに役立つアイテム。せきやのどの痛みが気になるときにも重宝します。

おわりに

さて、準備はできましたか? ここまでアイテムをそろえたみなさんなら、きっと入試も「クリア」できるでしょう。インフルエンザや新型コロナウイルス感染症の影響が今年度も懸念されています。体調管理に気をつけながら勉強をつづけてください。75ページには「持ちものチェックリスト」を掲載しています。そちらもぜひ、ご活用ください。

十五歳
私の本気。
必ずつかみたい
夢がある。
中高一貫
昭和女子大学附属
昭和中学校・高等学校
United Nations Educational, Scientific and Cultural Organization
UNESCO Associated Schools

サレジアン国《こく》際《さい》学《がく》園《えん》世《せ》田《た》谷《がや》中学高等学校

共学校

自分を見つめ視野を広げ、将来につながる力を養えるサレジアン国際学園世田谷中学校。それぞれに異なる魅力を持つ2つのクラスで、生徒の「世界市民力」を育てています。

School Information

所在地：東京都世田谷区大蔵2-8-1　アクセス：小田急線「祖師ヶ谷大蔵駅」徒歩20分、東急田園都市線・大井町線「二子玉川駅」スクールバス、小田急線「成城学園前駅」ほかバス　TEL：03-3416-1150　URL：https://salesian-setagaya.ed.jp/

世界市民力を身につけ ウェルビーイングを実現する

自らを深掘りし 価値観を探る

「世界市民力」の育成を掲げ、2023年4月に開校したサレジアン国際学園世田谷中学校（以下、サレジアン世田谷）。「世界市民力」と聞くと、世界で活躍するための力を想像するかたもいるでしょう。しかし、意図されているものは、それだけではありません。自らの幸せを追求するとともに社会に貢献する「ウェルビーイング」を実現できる力、それが「世界市民力」です。

同校ではカトリックの精神に基づく心の教育を土台に、PBL※型授業を軸とした多彩な取り組みを行い生徒の成長をうながしています。PBL型授業は、生徒同士が協働する問題解決型の授業で、「本科クラス（以下、本科）」「インターナショナルクラス（以下、インター）」のいずれにおいても、全教科で取り入れられています。

本科とインターのめざすところは、どちらも「世界市民力」の獲得です。しかしアプローチの方法はそれぞれに異なります。

たとえば本科で大切にされているのは、自らと向きあい徹底的に自分を見つめること。どんな学問に興味があるのか、その学問は社会にどのような影響を与えられるのか、6年かけてじっくりと探っていきます。

その手助けとなるのが、本科独自の取り組みである「ゼミ」（中2～高2）です。中1では「プレゼミ」として、ゼミに必要なスキルを身につけていきます。9月の学園祭では、個々にテーマを設定し探究する「社会を変える○○学」の成果を発表しました。このテーマからもわかるように、たんに興味関心を深めることを目的とはせず、将来そして世界を意識した学びが実践されています。

本科推進部長の市橋朋之先生は、「自分の価値観を探りつつ、他者に考えを伝える力も磨いていきます。クラスメイトと意見を交わす機会も豊富に設けているので、そこで共感を得たり、フィードバックをもらったりして、思考をよりよいものにしていきます。主体性を大切にしながらも、まわりの意見に耳を傾けることで、思考はさらに深まります」と話されます。

※PBL＝Problem Based Learning

1、2　ときにICT機器も活用しながら学び、仲間とともに多くの力を伸ばします

3　授業以外でもインターナショナルティーチャーと触れあい、英語力をアップ
4　日ごろの授業で身につけた力を発揮して、学園祭でも堂々と発表

多様性あふれる環境で視野を広げていく

自身を深掘りしていく本科に対し、自分を知るとともに視野を広げることに力を入れるのがインターの学びです。インターは、帰国生など、すでに一定レベルの英語力を持っている「アドバンスト」と、入学時の英語力に関係なく英語の習得に高い意欲を持つ「スタンダード」で構成されていることから、多様性あふれる環境でさまざまな価値観に触れることができます。

インター推進部長の上田かおり先生は「多様性を受け入れ、異なる文化のなかで育った人びとと協働し、国内・国外を問わず自分らしく活躍できる、そんな人になれるよう導いていきます。英語力の向上も重視していますが、流暢に話せることだけをめざすのではありません。PBL型授業やサレジアン・アカデミック・プログラム（SAP）を通じて身につく論理的思考力と多角的視点の獲得があってこそ、その英語によるコミュニケーションスキルは確かなものになるのです」と語ります。

SAPは本科のゼミに相当する取り組みで、中1は文化学、中2は環境問題、中3は社会問題をテーマに探究を進め、多角的な視点を獲得します。その学びをいかし、世界中にある兄弟校の生徒との交流も予定されており、今後さらに生徒の視野が広がることはまちがいありません。

本科とインター、両クラスの交流ももちろんあり、SDGs（持続可能な開発目標）をテーマとした宿泊行事ではともに活動します。ここでは、農業や環境などにかかわるプログラムが用意され、体験をつうじて学びます。体験は、サレジアン世田谷のキーワードのひとつ。実体験として落としこむことで理解を深め、また新たな気づきを得て、自発的に学びに向かう姿勢を養います。

入試問題でも受験生の意見を問う

PBL型授業で思考力を磨き、その思考力をベースに将来につながる力を身につけられるサレジアン世田谷。そんな同校では、受験生にどのような力を求めているのでしょう。

入試問題の最も大きな特徴は、思考力問題が全体の3割を占めること。正解がひとつではない問いに取り組む力や、問いを分析したうえで表現しようとする力をみています。そうした意欲を持つ受験生であれば、入学後、サレジアン世田谷の教育によって飛躍が期待できるからです。

「インターのアドバンストの入試で行うエッセイライティングや面接試験でも、受験生の意見を聞きたいと思っています。気が焦るかもしれませんが、なにを問われているのかをよく考えてから答えるようにしましょう。サレジアン世田谷では、みなさんの努力に応えられる教育を用意していますので、ぜひ飛びこんできてください」（上田先生）

「思考力問題では問題の意図を読み取る力に加え、資料を分析する力も必要です。日ごろからアンテナを張っていろいろなことに興味を持つといいですよ。『なぜだろう』と考えるその姿勢は、受験、そしてその後の学びにもいかせるはずです。がんばってください」（市橋先生）

入試説明会 要予約	学校説明会 要予約
11月18日(土) 12月23日(土) 両日とも10:00～12:00	1月13日(土)　10:00～12:00 ※学校説明会への参加が初めての小6を対象

入試日程

〈帰国生入試〉	〈一般入試〉
12月10日(日)　午前	2月1日(木)　午前／午後
1月7日(日)　午前	2月2日(金)　午後
※2月1日午後、2月3日午後は本科とインター・スタンダードのみ	2月3日(土)　午後
	2月5日(月)　午前

※詳細はHPでご確認ください。

2024年度

中学入試 学校説明会

21世紀のグローバル社会で活躍する人を育む安田学園。この機会にぜひ、説明会にお越しください。

日時		テーマ	対象
9月16日(土)	9:00	探究プログラムについて 文武両道の実践について	小6
	10:00		小6 小5 小4
	14:30		小6 小5 小4
10月7日(土)	9:00	キャリアデザイン教育について	小6
	10:00		小6 小5 小4
	14:30		小6 小5 小4
10月28日(土)	14:30	グローバル教育について	小6
	15:30		小6 小5 小4
11月3日(金・祝)	9:00	グローバル教育について	小6
	10:00		小6 小5 小4
12月2日(土)	14:30	2024年度入試出題方針	小6 小5 小4
	15:50		小6 小5 小4
1月6日(土)	13:00	2024年度入試出題方針	小6 小5 小4
	14:20		小6 小5 小4

2023年 大学合格者実績<現役卒業生>

国公立大学

41名

最難関私大
【早慶上理ICU】

137名

●東京大学(1)　●東京工業大学(2)　●東京外国語大学(2)　●横浜国立大学(1)
●筑波大学(4)　●千葉大学(10)　●防衛医科大学医学科(2)　ほか

説明会の予約受付は
約1か月前より
本校HPで行います。

【自学創造】自ら考え学び、創造的学力・人間力を身につけ、グローバル社会に貢献する

安田学園中学校

BEYOND THE CUTTING EDGE 最先端の、その先へ

〒130-8615　東京都墨田区横網2-2-25　TEL：0120-501-528(入試広報室直通)　E-mail：nyushi@yasuda.ed.jp

安田学園

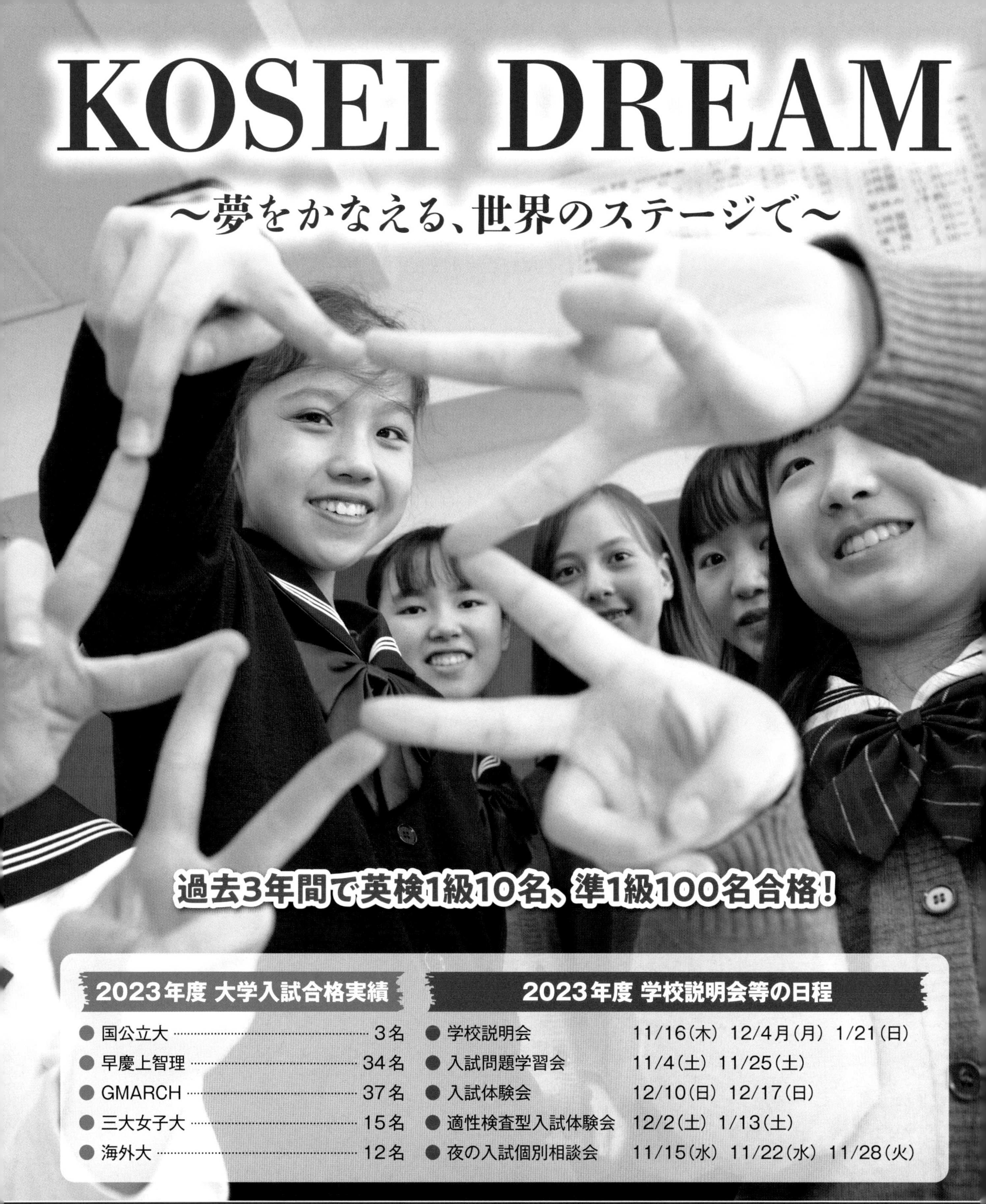
KOSEI DREAM
～夢をかなえる、世界のステージで～
過去3年間で英検1級10名、準1級100名合格！

2023年度 大学入試合格実績

● 国公立大	3名
● 早慶上智理	34名
● GMARCH	37名
● 三大女子大	15名
● 海外大	12名

2023年度 学校説明会等の日程

● 学校説明会	11/16（木） 12/4月（月） 1/21（日）
● 入試問題学習会	11/4（土） 11/25（土）
● 入試体験会	12/10（日） 12/17（日）
● 適性検査型入試体験会	12/2（土） 1/13（土）
● 夜の入試個別相談会	11/15（水） 11/22（水） 11/28（火）

佼成学園女子中学高等学校

〒157-0064 東京都世田谷区給田2-1-1 Tel.03-3300-2351（代表） www.girls.kosei.ac.jp
【アクセス】京王線「千歳烏山駅」徒歩5分 小田急線「千歳船橋駅」から京王バス15分「南水無」下車

未来につながる、自分に出会える。
学び合える、仲間に出会える。

「自主・敬愛・勤労」を教育目標に掲げる本学では、生徒がじっくりと考え、
仲間たちと話し合い、多角的な視点を得られるような学びを実践しています。
また、最新設備を活用して創造的な学習に取り組むことで、
生涯にわたって役立つ「豊かな教養と知性」を身につけていきます。

桐朋中学校・桐朋高等学校

〒186-0004　東京都国立市中3-1-10　JR国立駅・谷保駅から各徒歩15分

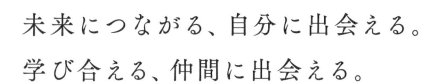

学校法人 市川学園
市川中学校・市川高等学校

市川学園 学校HPはこちら→
市川学園 LINEはこちら→

〒272-0816 千葉県市川市本北方2-38-1　TEL.047-339-2681
URL.https://www.ichigaku.ac.jp/

SSH Super Science Highschool スーパーサイエンスハイスクール指定校
World Wide Learning ワールドワイドラーニング連携校
UNESCO School ユネスコスクール加盟校

2024年度首都圏中学入試予測

9月模試から来年度入試を予想する

**今年度（2023年度）入試は、首都圏の受験者が過去最高を更新しましたが、
小6生の減少した2024年度入試はどんな様相をしめすのでしょうか。
今年も森上教育研究所所長の森上展安先生に、9月模試のデータから予測していただきました。**

森上教育研究所 所長　**森上展安**

男子上位校は沈静化し安全志向 チャレンジ志向は女子校・共学校

9月模試で表れた前年の入試との相違点

２０２４年首都圏中学入試の状況を９月に行われた模試の動きから予想してみます。

昨年９月時点の志望者動向は、男子校がチャレンジ志向一色で、女子校が安全志向一色。そして、共学校はどちらともいえずで、全体の模試の受験者数としては前年比減の情勢でした。

そして、今年の７月模試の序盤情勢では、今春（２０２３年度入試）の男子校難関チャレンジ志向の余韻を残していました。最難関校へのチャレンジ志向こそ少し沈静化しましたが、準難関校ともいうべき学校が鮮明な増加ぶりをしめし、全体としてチャレンジ志向の強さが残っていました。女子校も同様といってもいいものでした。

しかし今回、９月模試の中盤情勢をみると、夏休みが明け、志望状況は男子校も女子校も、そして共学校も昨年の９月の情勢とは一変しています。

2024年度入試の全体的な受験者動向は？

すなわち、２０２４年度予想は男子校と女子校はまったく真逆の志向となり、男子校が偏差値50以上で減少基調、49以下で上昇。他方、女子校は偏差値50以上で増加、偏差値49以下で減少と、男子校の安全志向、女子校のチャレンジ志向が鮮明になっています。

また、共学校は、ほぼ女子校と同様に偏差値50以上が全般的に増加している一方、偏差値49以下では減少しているものの、昨年の90％台で推移しており大きくは減少していません。

結果、全体として男子校は４％程度の減少、女子校は２・５％程度の上昇、そして共学校は前年並という予想になりました。

これは今春の男子校の大幅増が一転して沈静化し、女子校の微増状況がより増加に傾き、共学校の前年並みの状況が来年も維持される状況といえます。

全体の受験者数は前年並み 神奈川では減少傾向

２０２４年度入試の受験者数は、前年の99・６％となりそうですからほぼ昨年並みの受験者数で、その規模に変わりはありません。

ただし、２０２４年度入試では首都圏の小６生は５０００人程度の減少となり、それがどのように影響するかが注目されていますが、今回の模試をみるかぎり、以下のような状況です。

すなわち、受験者数は前年比で埼玉１０６・３％、千葉１００・７％、神奈川91・３％、東京23区北東部１０１・０％、同西南部99・７％、多摩地区98・４％です。

少子化は神奈川のみならず、埼玉、千葉も同じなのですが、神奈川の私学がより大きく減少し、これが東京23区西南部の入試にも影響を与えることになりそうです。

また、多摩地区は減少していますが、東京23区内に関してはとくに減少はしていません。

とはいえ、受験生は移動しますか

ら1月入試は前年とほぼ同じか微増、2月以降の東京、神奈川で減少する学校もでるということです。

男子校・女子校・共学校ごとの受験者数の増減予想

　これを男子、女子、共学校別にみていくと、埼玉では開智所沢の新設もあり、共学校が約2％増加しています。男子校は5・3％増、女子校も20％ほどの増加となっています。

　千葉は共学校がほとんど変わらず、女子校は2校ですが5・6％増という状況です。

　そして神奈川は、共学校の減少が大きく約10％減、女子校は8・6％減、そして男子校も5・8％減となりましたが、強い特色のある男子校は比較的持ちこたえる感じです。

　さて東京はどうでしょう。共学校が多い多摩地区では、共学校は前年並みですが、やはり女子校が10％強減。男子校は9％減少し、多摩地区にある男子校・女子校の学校数の少なさが響いているようすです。

　また、東京23区の北東部では、男子校は7・7％減、女子校は47・5％増、共学校は8・6％増ですから、女子校の大幅な伸びが、具体的にはどの学校なのか大変気になるところです。一方で、神奈川の影響を受けやすい東京23区の西南部は、男子校が4％減ですが、女子校3・3％増、共学校は前年と変わらずです。

　こうしてみると男子校の減少がはっきりと認識できます。やはり今春の反動なのかもしれません。

大学附属校・半附属校の増減予想

　大学附属校人気に話を転じます。2020年前後の附属校人気が沈静化したのがこの春の情勢でした。日本学園が明治大学の附属校化するという公表があり、明大明治、明大中野、法政大中などの男子受験生が減少する影響がでました。

　これに対して9月情勢をみると、これらの男子の緩和を歓迎して、それぞれの志望者数は増加ぎみです。筆者は系列校に70％以上進学している学校を附属校とネーミングしています。30〜69％の間の学校は半附属校と命名しており、明大系はすべて附属校としてあつかいますが、立教女学院、香蘭女学校、青山学院横浜英和、青山学院浦和ルーテル学院などは半附属校として分類しています。

　そのような分類のうえで、附属校の受験者数の予想は、前年比96・7％、半附属校は103・7％となり、進学校は99・3％ですから、附属校の沈静化は明らかですが、半附属校はむしろ増加の人気傾向だと考えてよいでしょう。

　実際、香蘭女学校、立教女学院は100％立教大学に進学できることを9月までに公表しているため、人気がでると思われますが、70％以上の生徒が立教大学に進学するかは今後の実勢をみないとなんとも判断ができません。

日本大学
豊山女子中学校 2024
Nihon University Buzan
Girls' Junior High School

世界にcontribute（貢献）
するための
アントレプレナーシップ（起業家精神）を育成。
豊山女子独自の
中高6ヵ年一貫カリキュラム。

● 教育の二本柱「国際交流教育」「キャリア教育」
● 探究学習「数学探究」「理科探究」「卒業発表」
● 自発的な学習習慣と基礎学力の定着
放課後「学習メンタープログラム」

※詳細は本校ホームページでご確認ください。
※要予約

学校説明会
11/23（木・祝） ●10:00〜
2024年 1/13（土） ●14:00〜

池袋ミニ説明会 ●18:15〜
11/24（金）

プレテスト ●10:00〜
2科（国語・算数）
12/9（土）

入試日程
第1回 午前入試 帰国子女入試 12/18（月）
第2回 午前入試 特待選抜あり 2/1（木）
第3回 午後入試 特待選抜あり 2/1（木）
第4回 午前入試 2/2（金）
第5回 午後入試 特待選抜あり 2/2（金）
第6回 午後入試 特待選抜あり 2/5（月）
※ 詳細は募集要項でご確認ください。

日本大学豊山女子中学校
〒174-0064 東京都板橋区中台3丁目15番1号
TEL・03-3934-2341
access
● 東武東上線「上板橋」駅下車 ……… 徒歩15分
● 都営三田線「志村三丁目」駅下車 …… 徒歩15分
赤羽・練馬より
スクールバス運行
赤羽駅 ⟷ 本校バスロータリー 15分
練馬駅 ⟷ 本校バスロータリー 20分
詳しくはホームページをご覧ください。
日大豊山女子 検索
https://www.buzan-joshi.hs.nihon-u.ac.jp/

しかし、じゅうぶん増加するだろうと思いますから、この半附属校の増加志向はその意味では妥当なものでしょう。

一部の進学校では事実上の半附属校化が進行

付言すれば、2023年春の進学校の大学合格実績をみると、偏差値で上位校ランク（偏差値55～59）の早慶上智への合格実績は全生徒の69%と7割に近く、また、偏差値で中位校ランク（偏差値45～59）のG-MARCHへの実績は59・2%と約60%になっています。

このG-MARCH附属校の偏差値は60前後ですから、進学校の偏差値50に満たない学校が、約10ポイント上位のそれらの附属校の進学実績にかなり近づいていることになります。

その意味では、これらの進学校も事実上、半附属校になりつつあるといってもいいかもしれません。

受験者数が20%以上増えると予想される学校は？

さて、ここからは具体的に、9月模試で志望者が大きく増えた学校を男女別にひろっていきます。

男子の動向

《埼玉・千葉》

埼玉の1月入試で20%以上の増加校は、浦和実業、西武学園文理、埼玉栄、城西川越、開智の5校。このうち倍率予想が2倍台以上は浦和実業（1回AM特待）、城西川越（特選1回）、開智（特待A）の3校で注意が必要です。そのほかは1倍台で受けやすい状況に変わりはありません。

千葉の1月入試で、やはり20%以上の増加校をみると昭和学院と芝浦工大柏となります。

《東京・神奈川》

2月1日午前入試で20%以上の増加校は、郁文館、横浜創英、安田学園、法政大中、日大一、東京電機大中、成城、世田谷学園、巣鴨など。

2月1日午後入試では、多摩大目黒、武蔵野大中、淑徳巣鴨、足立学園、獨協、安田学園、宝仙学園理数インター、日本工大駒場、佼成学園などがあります。

2月2日午前もほぼ同じ学校が顔をだし、学校名がでていない学校では、目黒日大、順天、駒込になります。2日午後でも同じような学校が並び、2月3日午前では、京華などが加わります。

女子の動向

《埼玉・千葉》

埼玉の1月入試で20%以上の増加校をひろうと、西武学園文理、開智、青山学院浦和ルーテル学院、春日部共栄、大妻嵐山、開智未来、大宮開成です。

千葉の1月入試で20%以上増の学校は、二松学舎柏、光英VERITAS、和洋国府台女子があります。

《東京・神奈川》

2月1日午前では、安田学園、普連土学園、かえつ有明、カリタス女子、目黒日大、三輪田学園、学習院女子、東洋英和女学院、郁文館、跡見学園、国学院久我山、品川女子学院、芝浦工大附属、ドルトン東京学園。

2月1日午後は、三輪田学園、十文字、多摩大聖ヶ丘、国学院久我山、捜真女学校、麹町学園女子、桐蔭学園、聖園女学院、玉川聖学院、文教大付属、東京都市大等々力などがあげられます。

2月2日午前の学校からは、駒込、穎明館、芝浦工大附属、順天、光塩女子学院、江戸川女子、日大三など。

2月2日午後入試では、文教大付属、大妻多摩、普連土学園、順天、宝仙学園理数インター、三田国際学園、東京女学館（国際）。

以上の学校は高倍率の可能性があり注目したいところです。増加校ばかりあげたのですが、当然緩和校もあります。しかしそれは、より安全な学校なので本誌では触れません。

志望者数は微増だが倍率が厳しくなると予想される学校

つぎに10%前後の増加でありながら倍率がかなり厳しくなる学校もあげておきます。

男子の動向

【1月入試】

大宮開成（2回）2・6→3・1
開智（2回）2・8→3・2

【2月1日午前】

芝浦工大附属4・3→4・9

東京都市大付属3・0→3・5
三田国際学園4・1→4・6

【2月1日午後】
京華3・1→3・6
横浜創英7・4→8・4

【2月2日午前】
渋谷教育学園幕張6・4→7・4
獨協3・7→4・3

【2月2日午後】
芝浦工大附属6・1→7・0
高輪3・6→4・1

【2月3日午前】
早稲田中4・2→4・8

【2月3日午後】
工学院大附属4・2→4・9

【2月4日】
開智日本橋学園8・8→9・8
法政大中3・8→4・2

女子の動向

同じように、女子に関して10％前後の増減ではありますが、倍率が厳しくなる学校です。

【1月入試】
栄東（東大2回）2・5→3・0
麗澤4・4→5・0

【2月1日午前】
開智日本橋学園3・2→3・6
立教女学院2・5→2・8
実践女子学園3・1→3・5

【2月1日午後】
広尾学園小石川5・7→6・8
かえつ有明6・1→7・0

【2月2日午前】
目黒日大5・5→6・4
三輪田学園3・3→3・7

【2月3日午前】
明大明治3・7→4・3
法政大中5・1→5・9
お茶の水女子大附属4・8→5・4
東洋英和女学院4・6→5・2
昭和女子大附属4・2→4・7

【2月3日午後】
佼成学園女子3・1→5・8

【2月4日午前】
田園調布学園3・9→4・3
浦和明の星4・4→4・9

【2月4日午後】
目黒日大5・4→6・3

女子校の高大連携 とくに理系や医療系大に注目

最後に少し触れておきたいのですが、2024年度入試の動きのなかで、高大連携の動きがかなりさかんに取り上げられています。

それ自体は好ましい動きだと思うのですが、そのなかでもとくに注目してほしいのは理系や医療系大学との高大連携です。

富士見などは東京理科大との高大連携によって理系進路をとる生徒が顕著に増加しています。具体的に学校推薦枠がとれる高大連携の仕組みもありますが、富士見のように大学の授業を見ることによって進学意欲が増すような取り組みが好ましく、また、これからの仕事のことを考えたときに、理系進路が大幅に増えていることを、とくに念頭において、女子は学校選びをすべきと思います。

新しい私を
見つけよう

いまを生きる女性にふさわしい
品性と知性を身につける。

学校説明会等

〈オープンスクール〉
11月25日㊏ 14:00 ～
○授業紹介・生徒作品展示・校内見学等

〈学校説明会（保護者対象）〉
11月27日㊊ 15:00 ～

〈八重桜祭〉
11月3日㊎・㊗、11月4日㊏
○展示・公演等

※すべて予約が必要です。
※詳細は本校ホームページでお知らせします。

入試日程

帰国生入試（約15名） 1月20日㊏
一般生A入試（約90名） 2月 1日㊍
一般生B入試（約40名） 2月 3日㊏
※募集要項はHPに掲載

学習院女子中等科

〒162－8656 新宿区戸山3－20－1
03-3203-1901 https://www.gakushuin.ac.jp/girl/
東京メトロ副都心線「西早稲田」駅徒歩3分
東京メトロ東西線「早稲田」駅徒歩10分
JR山手線・西武新宿線「高田馬場」駅徒歩15分

家族で力を合わせて突き進もう

志望校決定から入試当日まで

中学受験に向かう受験生にとって、ラストスパートの時期となりました。
プレッシャーや不安と戦いながら勉強をがんばる受験生のいちばんの味方はご家族です。
ご家族全員が力を合わせることで、きっと合格を手にできます。

志望校選びのポイントは複数の観点から考えること

併願校選びは合格したら入学してもよい学校を

中学受験では一般的に、併願校を含めて複数校を受験します。すでに受験生本人の「ここに入学したい」という強い思いから第1志望校を決めているご家庭もあると思います。ただその場合も、併願校についての検討は必要です。重要なのは併願校も第1志望校同様「合格したら入学してもよい学校」であること。入学後を想像できるかどうか、を観点として学校を選びだしましょう。

志望校選びで大切にしたいポイントのひとつは入試日程です。当然ですが、受験したい学校が複数あったとしても、試験が同じ日に実施されるのであれば、どちらか一方しか受けることはできません。ですから、各校の入試日程は早めに確認しておくことをおすすめします。

つづいてのポイントは難易度です。目標を高く持つのはすばらしいことですが、現在の実力とかけ離れている学校ばかりを選び、残念な結果になってしまってはいけません。

難易度をはかる指標のひとつとして偏差値があります。偏差値は、あるデータに基づいて学校を分析し、その結果をわかりやすく数値化したもの。入試における難易度がしめされているため、活用しやすい指標といえるでしょう。

しかし「偏差値が高いから」といった理由だけで志望校を選ぶのはやめましょう。判断基準のひとつであることを忘れずに、とらわれすぎないようにしてください。

どの学校も、偏差値ではかることができない多くの魅力を持っています。教育内容や教員と生徒との関係、行事や部活動への取り組み方など、さまざまな観点から学校をみたうえで、受験する学校をしぼっていきましょう。

なかでも大切なのは、お子さんに合っているかどうか、本人がそこで

中高の6年間を過ごしたいと感じるかどうかです。

大学合格実績はその内容をよく確認する

志望校を選ぶ要素として、大学合格実績に目を向けるかたもいるでしょう。とくに大学附属校ではない学校の場合、6年後に大学受験が待っていると思えば、それも当然のことです。

しかし、現在発表されている大学合格実績とは、あくまでも6年前に入学した生徒のものです。各校は、大学入試改革や新学習指導要領導入に対応し、教育内容をどんどんブラッシュアップしています。ですから重要なのは、いまどのような教育を実施しているかです。

また、大学合格実績をみる際は、1学年の在籍者数も確認してください。小規模校であれば、たとえ合格者数自体は少なくても、生徒数からみると高い実績をあげていることもありえます。

そして公表している数字が「実進学者数」なのか、「合格者数」なのかによっても見方が変わります。実進学者数とは、実際に進学した大学・学部のみをカウントするものです。そのため、ひとりにつき1大学・学部のみとなります。

一方合格者数は、ひとりが複数の大学や学部に合格した場合、それらすべてを計上します。例えば、人気の高い医学部医学科の合格実績についても、国立大学の医学部に合格した生徒は、私立大学の医学部にも合格していることが多く、どちらも合格者数としてカウントされます。このため、実進学者数よりも合格者数の方が多くなるのがつねです。

また、現役進学率についてもお伝えしておきましょう。現役進学率が低い学校より高い学校の方がいい学校だと感じるかもしれませんが、一概にはいえません。現役時に合格した学校があったとしても、第1志望に進むことを諦めず、翌年再度挑戦するという生徒が多い学校もあるからです。

このように、志望校選びの観点は複数存在します。いろいろな側面から学校をみていくことが肝心です。

もちろん第1志望校に入学できることがいちばんではありますが、結果的に併願校に進むということも考えられます。その場合は、魅力的に感じた部分があって選びだした1校だったことを思いだし、最終的に入学する学校が第1志望校であるととらえましょう。

前向きな気持ちで進学することで、その後の6年間はきっと充実したものになります。

インターネット出願が主流 注意したいことは

不測の事態にも備え万全の準備をしよう

さて、つぎに出願手続きについてみていきます。

近年はほとんどの学校がインターネット出願を取り入れています。出願書類自体もインターネット上からダウンロードするかたちが多くなっています。

なお、出願手続きひとつとっても、学校ごとにさまざまですから、早めに調べておくと、「いざ出願」となった際に、あわてなくてすみます。

インターネット出願は、入試前日の夜や当日の朝など、直前まで出願できることが大きなメリットです。直前に出願先を変更することも可能でしょう。しかし、急いでいるときにかぎって、ルーターやパソコンが故障する、という可能性もゼロではありません。そうした不測の事態にどのように対処するのかも、あらかじめ考えておくと安心ですね。

また受験料の決済がクレジットカードの場合は、使用可能なものを持っているかどうか、入学手続き等の費用の納入は学校窓口なのか銀行振りこみなのかについても確認しましょう。銀行振りこみをする場合、A

TMでは限度額の関係で振りこめないこともあり、窓口に行く必要もでてきます。自宅や学校の近くにある銀行支店を調べておきましょう。

書類は余裕を持って用意 1校ごとにまとめておく

出願に必要な書類としてあげられるのは、「受験生の顔写真」「通知表のコピー」「調査書」「健康診断書」などです。

試験中の本人確認は顔写真で行うため、メガネをかけて試験にのぞむのであれば、メガネを着用して撮影しておきます。

通知表のコピーは、2学期末に持ち帰ってきた際に取っておきましょう。在籍する小学校の調査書を求められている場合は、担任の先生にお願いしなければなりません。学期末をひかえた時期は、とくに忙しいですから、時間に余裕を持って依頼しましょう。

これらの書類は学校ごとにまとめておき、外からどの学校のものか判別できるクリアファイルなどに入れておくといいでしょう。そうすれば、他校のものとまちがう心配もありません。保管場所もきちんと決めておけば、必要なときにサッと見返すことができます。

入試問題解説会を活用して さまざまな情報を得る

入試問題のポイントを 直接聞ける貴重な機会

各校で名称は異なりますが、12月から1月にかけて、多くの学校で「入試問題解説会」が実施されます。これは、前年度に実施された入試問題をもとに、各校の先生がたが出題のポイントや注意事項を具体的に説明してくれるものです。

なかには受験生に向けて、本番と同じような教室で、実際の制限時間のなかで問題を解く「入試体験」を行う学校もあります。入試体験のあとには、先生がたから直接、詳しい解説がなされることがほとんどです。

受験生の多くがしやすいミスについて、そのミスの対策法、記述式解答におけるコツや部分点の与えられ方についてなど、参考になる情報が数多く得られるでしょう。

また先生がたと触れあうことで入学後についてもイメージしやすくなり、よりいっそう受験勉強への意欲がわくのではないでしょうか。

入試問題解説会では、合格基準について述べられることもあるので、そこにも参加意義があります。お忙しいとは思いますが、受験を検討している学校であれば、ぜひ参加してみてはいかがでしょうか。志望校を決めかねている場合でも、参加することで志望校選択の判断材料を得られると考えて、スケジュールを調整してみてください。

なお、コロナ禍ではオンラインで実施していた学校もあり、今後も情勢によって実施方法が変更される場合があるかもしれません。学校ホームページなどでの確認が必要です。

交通手段や所要時間 待機場所をチェック

入試問題解説会が対面実施の場合は、実際に学校を訪れることができるので、交通手段や所要時間をあらためて確認するいいチャンスです。

経路は、スマートフォンを使えば、簡単に調

べることができます。しかし、入試当日は念のため最寄り駅から学校までのルートをプリントアウトして持参することをおすすめします。乗り換えが複雑な場合もあるかと思いますが、事前にしっかりと調べておけば、あわてることはないでしょう。

　これまでは入試の際、保護者用の控室を用意する学校がほとんどでした。ただコロナ禍では、感染防止のために待機場所を設けない学校もでていました。この機会を使って、近くに待機できる場所があるかを調べておくのもいいですね。

家族全員で健康を維持 精神面のケアも忘れずに

入試本番に向け 歯科検診を受けよう

　56ページからもお伝えしているように、寒さが厳しくなる直前期は、とくに体調管理に気を配りたいものです。これは受験生だけでなく、ご家族全員にお願いしたいことです。

　なお、受験生本人は歯の健康にも注意を払ってほしいと思います。虫歯は風邪などとちがって、自然に治癒することはありません。現時点では異常がないように感じても、早めに歯科医院を訪れ一度検診を受けておくことをおすすめします。

　もし虫歯があって、入試直前や入試当日に歯が痛みだしては大変です。検診で虫歯が見つかったら、歯科医師に入試日程を伝え、適切なスケジュールで治療を施してもらえるようにしましょう。

受験生に寄り添い 自信を持たせる

　あわせて保護者のかたにお願いしたいのは、お子さんが無理をして体調を崩さないためのサポートと、プレッシャーや不安を感じている受験生の精神的な支えとなることです。

　この時期、塾ではすでに「入試まであと○○日」というカウントダウンが始まっているでしょう。このカウントダウンで受験生としての自覚がよりうながされ、きっとこれまで以上に受験勉強に気合いが入ると思います。ただ一方で、入試本番が近づいていることを改めて実感し、焦

http://www.toko.ed.jp

新宿駅より28分・下北沢駅より20分
— 小田急線快速急行にて、栗平駅まで —
桐光学園は、地下鉄ブルーライン延伸の早期完成を応援しています。

2023年 大学合格実績
国公立大学 計101名
早慶上智計177名、MARCH理科大計572名

転・編入試験（中・高各学年） 12/9(土) 3/7(木)

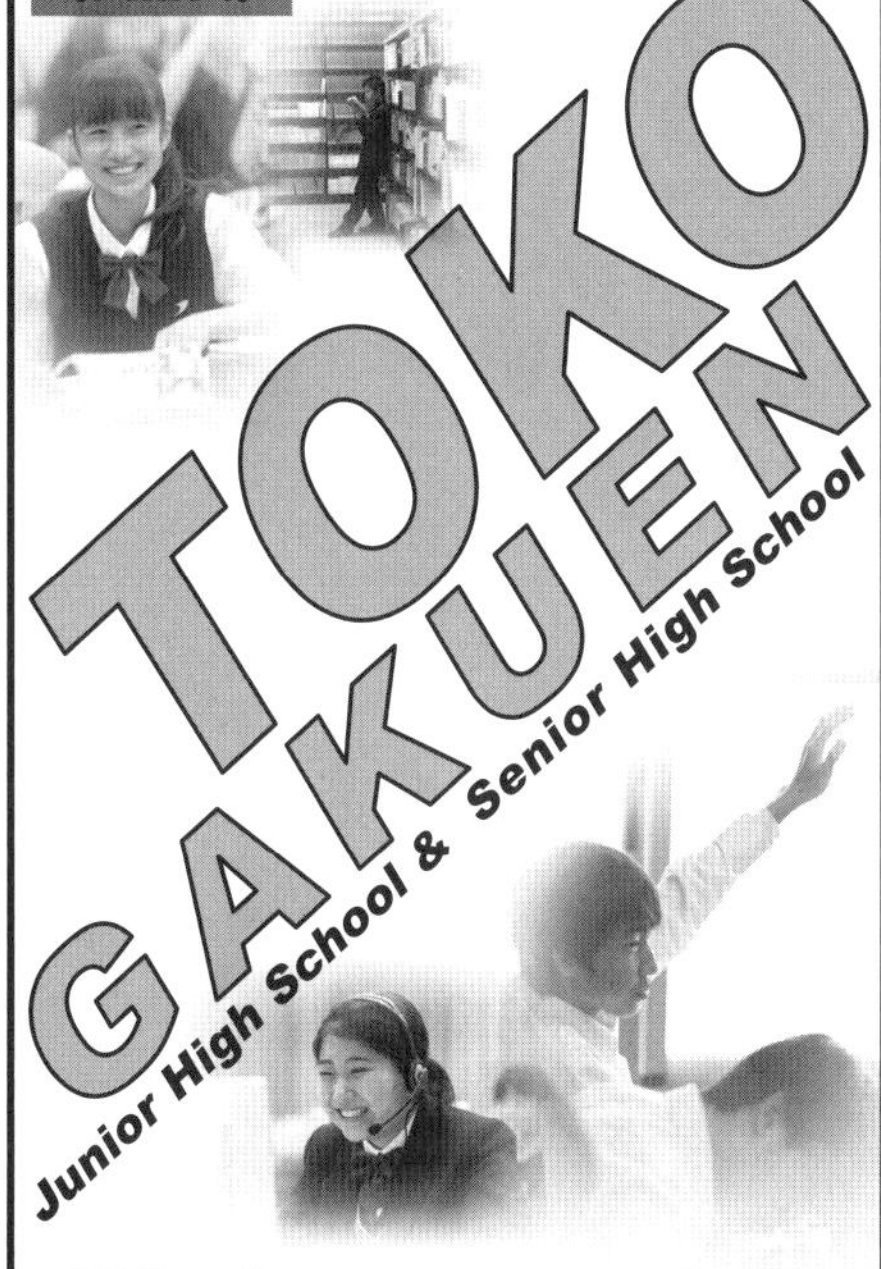

On the way to your dreams
桐光学園
中学校・高等学校
〒215-8555 川崎市麻生区栗木3-12-1
TEL.044-987-0519
●小田急多摩線栗平駅より徒歩約12分
●小田急多摩線黒川駅よりスクールバスにて約5分
●京王相模原線若葉台駅よりスクールバスにて約15分
○伸ばす力を支える「男女別学」、希望進路に応じたコース編成
○年間600講座を超える講習制度と「大学訪問授業」
○英語脳を育み、国際理解を促す多彩な研修・留学プログラム

中学校 学校説明会日程（web予約制）
第5回 11/11(土)
第6回 12/24(日)
入試問題説明会 12/2(土)～ 動画配信予定

2024年度 中学校 生徒募集要項

	帰国生	一般 第1回	第2回	第3回A	第3回B 英語資格入試 T＆M入試
試験日	1/5(金)	2/1(木)	2/2(金)	2/3(土)	2/3(土)
募集人員	男子若干名 女子若干名	男子80名 女子50名	男子80名 女子50名	男子A・B合計60名 女子A・B合計30名	
試験科目	国・算・英より2科目 面接	4科目(国・算・社・理)			国・算 面接

※指定校推薦枠が東京都立大学・早稲田大学・上智大学等多数あります。また、特待生制度や奨学生制度も充実しています。各種の日程や内容については、本校ウェブサイト等にて重ねての確認をお願い致します。

学校PV、WEB説明会などの動画が本校ウェブサイトにて随時公開中です！
Please access toko gakuen

りを感じることもあるでしょう。受験は「ここまでやれば絶対に合格できる」というものではありません。だからこそ、真剣に取り組めば取り組むほどに、不安も大きくなるのかもしれません。

そこでご家族のみなさんの出番です。お子さんの気持ちに寄り添ったうえで、「不安と向きあい、それを乗り越えていくことで、学力はさらに伸びていく」と自信を持たせてあげてください。

受験生は、できるだけ長い時間勉強したいと夜遅くまで机に向かおうとするかもしれませんが、体調を崩してしまっては本末転倒です。この時期に必要なのは勉強時間の長さではなく、その密度や効率であり、新しい知識を得るインプットよりも、すでに学んだことを活用するアウトプットに意識を向けようとアドバイスしましょう。

生活パターンを「朝型」へ 心と身体の休養も大切

早寝早起きをして 朝から頭を働かせる

午後入試を導入している学校が多くなっているとはいえ、やはり中学受験の主流は午前入試です。そのため、生活パターンを「朝型」にしておくことは重要です。

試験開始時刻から、しっかりと頭が働くことをめざしましょう。夜遅くまで勉強に取り組む「夜型」の生活を送っている人も、徐々に移行することをおすすめします。

人間の身体は、新しい環境や生活パターンに急に適応するのはむずかしい面もあります。ですから、1カ月ほどの時間をかけて「朝型」に変えていくようにします。

とはいえ、育ちざかりのお子さんですから、睡眠時間を削ってはいけません。まず始めるのは、就寝時間を早めること。早めに寝て、しっかりと睡眠をとったうえで早起きをします。

起きたらまずカーテンを開けて朝日を浴び、窓を開けて空気を入れ替えましょう。すると脳が目覚めたことを実感します。ただ寒い時期ですから、冷たい外気にさらされて風邪を引かないように気をつけてくださいね。

早起きが習慣化したら、つぎのステップとして、朝から頭を働かせる訓練をします。漢字の練習や計算問題、前日に取り組んだ社会科や理科の暗記事項の復習など、短時間でできる勉強でかまいませんので、朝学校に行く前に取り組みましょう。

そう、朝型への移行は、早起きが目的ではなく、身体と脳をしっかりと目覚めさせることなのです。入試当日に実力をだしきれるようにしたいものですね。

ご家族それぞれで 受験生をサポート

家族だんらんの時間を設けたり、家族そろって食事をしたりするのも、受験生の気持ちをリラックスさせてくれます。

こうした時間を取るのがむずかしい場合は、それぞれができるかたちで、受験生をサポートすることが大切です。学校の下見につきそったり、合格カレンダーの作成（67ページ参照）をしたり、パソコンで情報収集をするなど、どのようなかたちでもかまいません。

ご家族が「支えてくれている」「応援してくれている」と受験生が感じることで、「がんばろう」という気持ちがさらに大きくなるでしょう。また、中学受験は家族のきずなを深める機会ともなります。とくに弟さんや妹さんがいる場合は、彼らにとってもいい経験になるはずです。

入試を翌日に控えていると、お子さんはこれまでにない緊張を感じていると思います。だからといって、特別なことをする必要はありません。ふだんどおりに過ごすことを意識しましょう。いつもと同じような時間が流れる、それがお子さんの心の安定につながります。

なかには、いつも指導を受けている塾の先生に会いたいというお子さんもいるかもしれません。その場合は、授業がなくても会いにいってかまいません。先生の顔を見ると安心するでしょうし、アドバイスや激励の言葉をもらうことで、緊張もほぐれると思います。

塾や学校から帰宅したら、翌日の持ちものを確認して、早めに就寝します。気持ちが高ぶってなかなか眠りにつけないかもしれませんが、布団に入って横になっているだけでも疲れはとれます。そしてそのうちに自然と寝つけるはずです。

その努力は賞賛に値する大きく成長する受験生

最後まで寄り添い がんばりを見届ける

さあ、とうとう入試当日がやってきました。朝起きたら、交通機関の運行情報を確認しましょう。雪の可能性もある時期ですから、時間に余裕を持って家をでます。

その際、可能なかぎり保護者がつきそってあげましょう。交通機関が止まるなどした場合は、入試開始時間の変更など、各校が適切に対応してくれるはずですが、天候が荒れたり、交通機関の運行が乱れたりした場合に、お子さんひとりだとパニックになりかねません。いっしょに学校に向かい、お子さんが落ちついた状態で試験を受けられるよう支えてあげてください。

試験のあとに待っているのは合格発表です。近年はインターネットで実施されることが多いため学校に行く必要はなく、試験当夜に合否が判明するのでとても便利です。しかしもし残念な結果になってしまったら、つぎの試験に影響することもありえます。その際は、結果は結果として受け止め、気持ちを切りかえてつぎにのぞむよう声をかけてあげてください。

合格を得ることももちろん重要ではありますが、中学受験は「結果より過程が大切」といわれています。思うような結果が得られなかったとしても、それまでのがんばりは賞賛に値します。全力で取り組み、大きく成長して新たな一歩をふみだしていくお子さんを大いにほめてあげましょう。

あわせて、塾の先生がたへの合否結果の連絡も忘れないようにしてください。先生がたは気をもみながら連絡を待っているはずです。

直前期に意識していただきたいことを複数の項目に分けてお伝えしてきました。これからの時期は、とくにご家族の支えが大切になります。みなさんが笑顔で合格を手にすることを、心よりお祈りいたします。

函館市都市景観賞受賞校舎

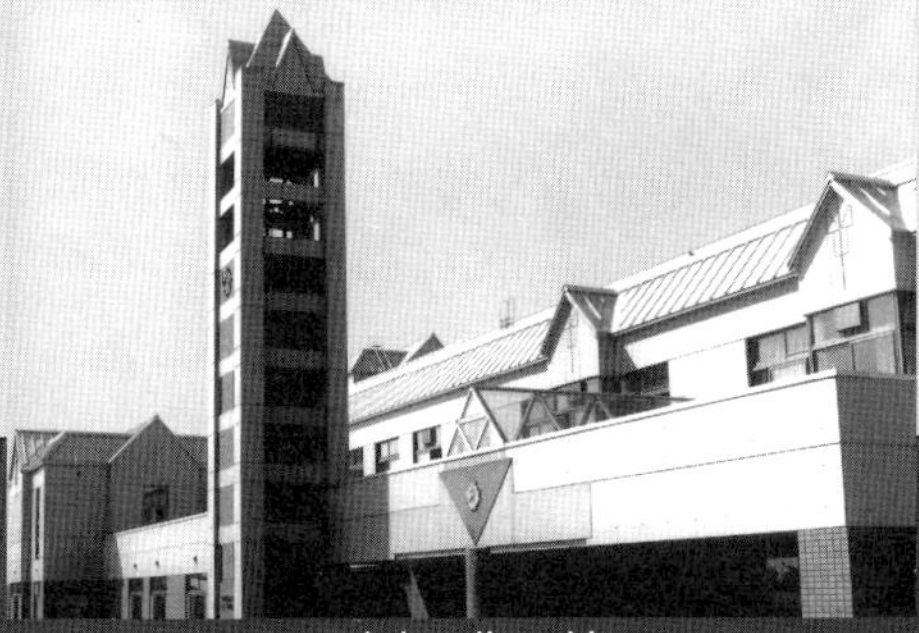

■学校説明会（予約不要）

11月18日（土）10：00〜12：00
会場：東京国際フォーラム
（JR線・地下鉄「有楽町駅」から徒歩1分、JR線「東京駅」から徒歩5分ほか）

11月23日（祝・木）10：00〜12：00
会場：TOC有明（りんかい線「国際展示場駅」から徒歩３分）
（ゆりかもめ「国際展示場正門駅」「有明駅」から徒歩４分）

函館ラ・サール中学校

〒041-8765　函館市日吉町1－12－1　TEL（0138）52-0365（代）FAX（0138）54-0365

www.h-lasalle.ed.jp

開智未来中学・高等学校

自然豊かな渡良瀬の地より、本質を捉え深く考え続けるリーダーを育てる
8つのスクールバス拠点で1都5県から未来のリーダーが集まる

国際社会のリーダーを育てる

開智未来は2011年4月、開智中学・高等学校の「教育開発校」をコンセプトに開校し、13年目を迎えました。開智未来では3I's（探究活動・英語発信力・つなげる知能としてのICT）を教育の柱として、「知性と人間をともに育てる」さまざまな取り組みを実践しています。

また、昨年度より藤井剛校長（前副校長）が着任しました。さいたま市開智中1期生と開智未来の1期生をともに6年間育て、開智学園の教育理念や進学実績のノウハウを熟知した校長就任により、さらなる発展が期待されています。

探究活動

開智未来では、フィールドワークをはじめさまざまな探究活動を行っています。中学1年は長野県飯山市での「里山フィールドワーク」です。ブナ林探究や水中生物探究で40ページのスケッチを完成させ、観察・発見・疑問を通じ「探究」の基礎を磨きます。中学2年の福島県での「ブリティッシュヒルズフィールドワーク」では、2泊3日間オールイングリッシュにチャレンジします。中学3年の関西方面での「探究フィールドワークHプロジェクト」では、2日間の個人研究を行うほか、広島で英語の「平和宣言文」を発表するなど、生徒の活動もさらにパワーアップしています。

中学1年の「里山探究フィールドワーク」

さらに高校1年での「才能発見プログラム」では興味関心のある分野について1年間かけて研究し発表を行います。このプログラムをつうじて将来の進路目標が明確になり、学校推薦型選抜の大学入試に活用するなど、大学進学に向けた生徒のモチベーションアップにつながっています。また、これらの探究活動の学年代表が成果を発表する「未来TED」も開智未来の伝統行事となりました。

世界水準の思考力と英語発信力

探究活動の集大成である高校2年での「ワシントンD.C.フィールドワーク」(全員参加)では、スミソニアン博物館での自由研究、現地高校生との交流や大学での講義などを体験します。

また、中学3年から高校2年を対象に

《2024年度入試 説明会日程》

	日程	時間	内容
オープンスクール	11月 4日（土）	9:50～11:50	授業見学・ミニ体験授業 学校説明会
探究型入試演習	10月29日（日）	9:30～11:30	思考力と基礎学力を図る 入試演習 保護者対象説明会
	12月 2日（土）	9:50～11:50	
4教科型 入試解説会	11月26日（日）	9:30～11:50	各教科の作問者による入試 解説 入試・学校説明あり
	12月17日（日）		

※すべて予約制です。実施1か月前からホームページよりお申込みください。

■2024年度入試日程　特待生（T未来クラス）定員大幅増。すべての入試で特待合格判定を行います。

	1月10日（水）	1月11日（木）	1月12日（金）	1月14日（日）	1月15日（月）
	募集定員120名（T未来クラス60名・未来クラス30名・開智クラス30名）				
午前	＜探究１＞ 計算・読解＋探究科学	＜探究２＞ 計算・読解＋探究社会 または英		＜第２回＞ ４科・３科・２科	＜開智併願型＞ 開智中学「第２回」 の入学試験（４科） 併願判定できます。
午後	＜第１回＞ ２科（国・算）	＜T未来＞ ３科（国・算・理）	＜算数１科＞ 算数		

※開智併願型…開智中の入試で開智未来の合否判定ができます。T未来クラス（特待生）と未来クラスを判定します。

※T未来…T未来クラス（特待生）のみを判定します。　※算数１科…T未来クラス（特待生）と未来クラスを判定します。

「グローバルスタディプログラム」を校内で実施しています。このプログラムは同校生徒5名に対し海外留学生が1名入り、5日間のディスカッション・プロジェクト・プレゼンテーションをすべて英語で行います。これらを通じてグローバル時代になにが必要かを考え抜く5日間です。

ICT活用の最先端校

加藤友信前校長は、情報分野では第一人者で、開智学園全体のICT教育を推進するリーダーです。開智未来では、2017年度入学生よりタブレット端末を段階的に導入しており、現在は、在校生全員がタブレット端末を所有し活用しています。日常の授業ばかりでなく、課題の指示や提出、探究活動の研究、学校からの連絡事項など、学校生活全般に幅広く活用されています。

とくに2020年度の新型コロナにおける休校期間中は、朝のホームルームや健康観察をはじめ、3か月間で2360本のオンライン授業動画を配信し、授業を遅らせることなく進めたことにより、卒業生の大学合格実績の躍進につながりました。教育関係者からも、ICT活用最先端校の1校として評価を得ています。

少数制だからできる1人ひとりの進路希望実現

開智未来は、募集定員1学年120名（高校募集含めて200名）と少数制で、「1人ひとりを丁寧に伸ばす」をモットーにしています。高校3年次には、難関理系・文系、国立理系・文系、私立理系・文系と進路希望別に6コースで選択授業を行います。

過去3年間の卒業生（461名）では、東京大学をはじめ国公立大学111名、早慶上理G-MARCHに377名が合格、また医系コース設置により医学部医学科へ27名合格（既卒含）と、近年、成果が表れてきました。

藤井剛校長からのメッセージ

「本校は2011年の開校以来、学びの技法、哲学の基盤の上に学力と人間をともに育てる学校づくりに邁進しています。AI（人工知能）の進出を含む激動の社会にあっても、的確に本質を見抜き社会に貢献できる人材、人生100年時代を迎えるにあたり、深く考え続けることのできる人間的な厚みをもったリーダーを育てていきたいと考えています。

開智未来は、埼玉北端の自然豊かな渡良瀬の地から、学びが本来もつ楽しさ深さを実体験し、最高峰に挑む心豊かなリーダーを世に送りだす教育を発信していきます」

藤井剛校長

8つのスクールバス拠点で1都5県が通学圏

開智未来中学・高等学校

【スクールバス案内】

JR宇都宮線/東武日光線・・・・栗橋駅下車　スクールバス18分
JR宇都宮線・・・・・・・・・・・・・・古河駅下車　スクールバス20分
JR高崎線・・・・・・・・・・・・・・・・鴻巣駅下車　スクールバス55分
東武伊勢崎線・・・・・・・・・・・・・加須駅下車　スクールバス25分
東武伊勢崎線・・・・・・・・・・・・・羽生駅下車　スクールバス40分
東武伊勢崎線・・・・・・・・・・・・・館林駅下車　スクールバス35分
東武日光線・・・・・・・・・・・・・・・柳生駅下車　徒歩20分・自転車7分

所在地　〒349-1212 埼玉県加須市麦倉1238　　TEL　0280-61-2021
URL　https://www.kaichimirai.ed.jp/

DEVELOPING FUTURE LEADERS

2023年度・大学合格者数
(一貫生卒業生116名)

国公立	14名
早慶上理	16名
GMARCH	61名
医学部医学科	7名

IT医学サイエンスコース

プログラミング　数学　医学　実験研究

各専門分野の研究者や開発者として、
リーダーシップを発揮できる人材を育てます。

プログレッシブ政経コース

世界　英語　政治　経済

国際的な政治やビジネスシーンにおける
リーダーシップを発揮できる人材を育てます。

本校独自のグローバルリーダーズプログラム

- 各界の第一人者を招いて実施する年複数回の講演会
- 英語の楽しさを味わうグローバルイングリッシュプログラム
- 異文化を体感し会話能力を向上させるバンクーバー語学研修
- 各国からの定期的な留学生や大学生との国際交流

学校説明会

<本校HPよりご予約ください>

11月11日(土) 入試問題体験会・過去問解説会
11月25日(土) 入試問題体験会・過去問解説会
12月16日(土) 体験授業(5年生以下対象)
3月 9日(土) 体験授業(新6年生以下対象)

いずれも10:00〜12:00

※最新情報をホームページでご確認のうえ、お越しください。
※本校実施の説明会では、春日部駅西口よりスクールバスを用意させていただきます。

2024年度 入試概要

<インターネット(Web)出願>

試験日		第1回 1/10(水)	第2回 1/11(木)	第3回 1/13(土)	第4回 1/15(月)
入試種別	午前	4科	4科	――	特待チャレンジ入試(2科)
	午後	本校(2科・4科) 大宮会場【1】(2科)	特待入試(2科・4科)	大宮会場【2】(2科) IT医学サイエンス入試(算数1科)	――
試験会場	午前	本校	本校	――	本校
	午後	本校・大宮会場【1】(選択可)	本校	大宮会場【2】	――
募集定員		プログレッシブ政経コース 80名　IT医学サイエンスコース 80名			
試験科目		4科(国・算・社・理)　2科(国・算)　1科(算)			
合格発表 インターネット	午前	1/10(水)19:00予定	1/11(木)19:00予定	――	1/15(月)19:00予定
	午後	1/10(水)23:00予定	1/11(木)23:00予定	1/13(土)23:00予定	――

大宮会場【1】TKPガーデンシティPREMIUM大宮　大宮会場【2】大宮ソニックシティ6階

春日部共栄中学校

〒344-0037 埼玉県春日部市上大増新田213　TEL.048-737-7611
東武スカイツリーライン／東武アーバンパークライン 春日部駅西口からスクールバス 7分
https://www.k-kyoei.ed.jp

英語コミュニケーションプログラム

総合グラウンドが今年度中に人工芝化

300席の食堂で美味しいお昼を!

ケンブリッジ大学研修など豊富な海外行事

3万冊の蔵書と約150席の学習スペースがある図書館

吹奏楽部など文化系クラブも盛ん

●学校説明会（Web予約）

第2回 10月28日（土）
第3回 11月25日（土）
第4回 1月13日（土）
各13：45～15：00

学校概要および入試について（入試の傾向と対策）
※すべて同一の内容となります。

※社会状況により、予定変更になる可能性がございます。
今後の開催予定につきましては、随時ホームページをご確認ください。

●校内見学

見学はいつでも可能です。詳細はホームページをご覧ください。

[2024年度入試要項（抜粋）]※特待制度有り

	第1回	第2回	第3回
日程	2月1日（木）	2月2日（金）	2月3日（土）
募集人数	160名（男女）	60名（男女）	20名（男女）
試験科目	2科（国・算）または 4科（国・算・社・理）		2科（国・算）
合格発表	入試当日 18：00 Web発表		
手続き	2月10日（土）12：00まで		

アクセス　JR横浜線・小田急線「町田駅」、京王線・小田急線・多摩都市モノレール「多摩センター駅」、JR横浜線「淵野辺駅」の各駅から直行便および路線バス（急行・直行バスは登下校時のみ運行）

日本大学第三中学校

〒194-0203　東京都町田市図師町11－2375
電話 042－789－5535　FAX 042－793－2134　URL　https://www.nichidai3.ed.jp/

社会に貢献できる人材を育成する『R-プログラム』

立正《りっしょう》大学《だいがく》付属《ふぞく》立正《りっしょう》中学校

日蓮聖人の教え「行学二道」を柱とし、勉学への積極的な情熱と豊かな人格の育成を目指す立正大学付属立正中学校・高等学校（以下、立正）。2013年のキャンパス移転を機に、新しい取り組みが着々と生徒の可能性を伸ばしています。

中学のクラス編成

立正では、中学生は周囲からの見守る目が最も必要な時期と捉え、中学3年間は、1クラスを30名程度の少人数で編成しています。さらに学習進度に差がつきやすい数学と英語では習熟度別授業を行い、英会話の授業ではネイティブ教員3名による1クラス10数名の分割授業を行うなど、生徒それぞれに合ったきめ細かな指導を心掛けています。

2年次からは、生徒の希望と成績に応じて、国公立・難関私立大学への進学を目標とする「特別進学クラス」とその他私立大学や立正大学を目指す「進学クラス」に分かれます。

タブレット端末を使った授業が活発に行われています。

進級時に本人の希望や成績に応じたクラスの入れ替えを行いながら、原則的に高入生と混ざることなく4年次（高校1年次）まで一貫生のみのシラバスが構築されています。

また、中学の全教室には電子黒板が設置されており、タブレット端末などのICT機器と連動した、双方向型・対話型のアクティブラーニングも積極的に取り入れています。

進路指導と進路状況

5年次（高校2年次）から高入生と混合となり、生徒それぞれの進路に応じ、特進文系・特進理系と進学文系・進学理系の4コースに分かれ、志望大学への進学を目指します。

立正では、「行ける学校よりも、行きたい学校へ」を進路指導方針とし、生徒の多様な進路選択に対応するために豊富な選択科目を用意しています。また、勉強合宿や長期休暇中の講座、総合型選抜・推薦入試に特化した入試対策講座など、生徒のニーズに合わせた多数の講座を開講しています。

このような取り組みの結果、近年の大学進学実績は堅調に推移しており、毎年約8割の生徒が立正大学以外の外部大学へ進学しています。

『R-プログラム』で社会人力を養う

「2013年の校舎移転を機に本校の校是でもある日蓮聖人の三大誓願（※）の心に立ち戻り、中等教育の本来あるべき姿とは大学へ送り出すための学習カリキュラムだけを行うのではなく、社会に貢献できる人材を育成することであると考え、この『R-プログラム』を実施するに至りました」と校長補佐の今田正利先生は語ります。

※日蓮聖人の三大誓願
「我れ日本の柱とならむ、我れ日本の眼目とならむ、我れ日本の大船とならむ」

『R-プログラム』スピーチの様子。皆、真剣です。

この『R-プログラム』とは、Research（自ら進んで調べる力）、Read（主張や要点を読み取る力）、Report（意思や結果を正確に伝える力）の3つのスキルを伸ばすための立正独自のもので、主な取り組みは次のようなものです。

『コラムリーディング&スピーチ』

毎朝20分のSHRを活用し、新聞等のコラムを読み、自分の感想や意見を200字程度にまとめ、一人1分間の発表を行うプログラムです。学年が進むごとにコラムを時事的なテーマへと移行し、LHRで3分間スピーチにチャレンジしたり、クラス内でディスカッションやディベートを行ったりと少しずつ難易度を上げていきます。これにより文章の読解力・要約力、プレゼン力そして自分と異なる意見を受け入れる姿勢などが養われます。

『読書ノート&リーディングマラソン』

『読書ノート』は生徒に配付しているノートで、読んだ本の書名、ページ量、感想などを記入することで「考えながら読む」習慣を身につけます。また、1年間を3期に分け、クラス対抗でどれだけのページ数を読んだかを競う「リーディングマラソン」を開催し、読書の動機づけを行っています。昨年度、3年次の年間読書量の平均は約2500ページでした。

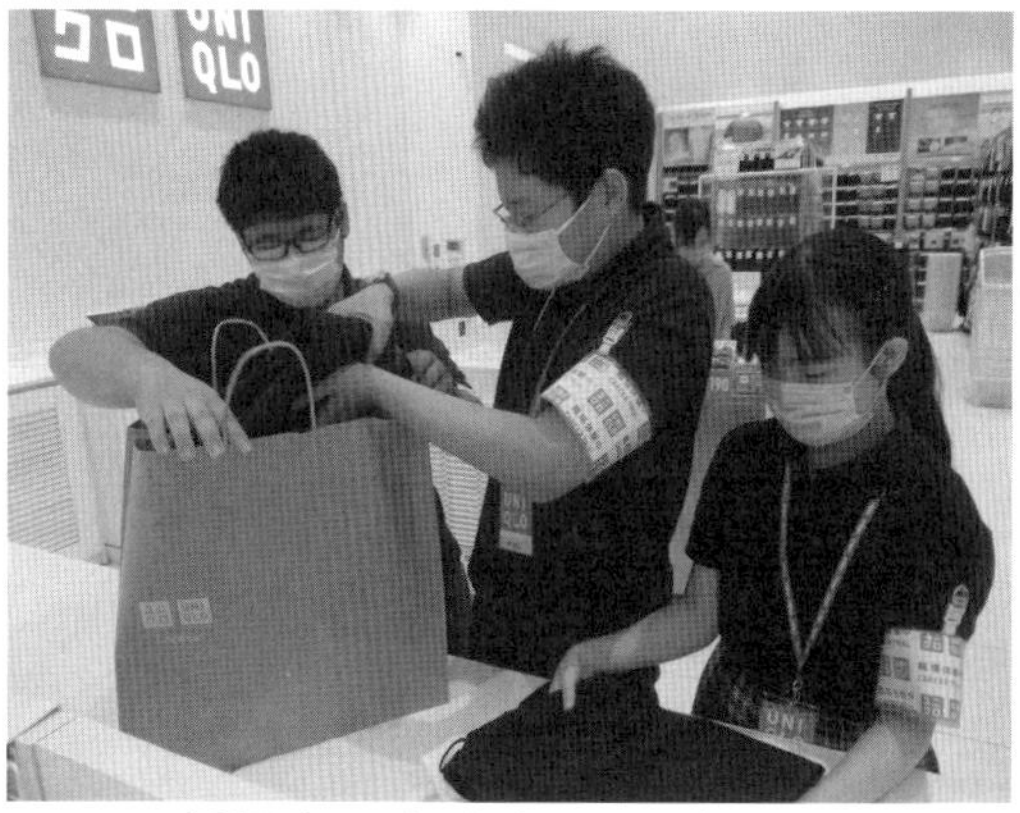

衣料品店での職場体験、緊張の連続です。

『キャリアプログラム』

『R-プログラム』では、1年次から『キャリアプログラム』を実施しています。

1年次に行われる卒業生による「職業講話」から始まり、2年次の「職業探究」、3年次の「職場体験」と学年が上がるごとに実践的なプログラムとなっています。

特にインターンシップ（3日間）では、企業で行われる会議に参加したり、店頭に立ったりと実際の仕事を体験します。事前打ち合わせから企業訪問まですべて生徒たちだけで行うため、企業の方から注意を受ける生徒もいます。また、体験した現実の仕事と想像とのギャップに戸惑う生徒も少なくありませんが、それも社会経験の一つとなり、将来の目標を決めるための糧になると考えています。体験後には、一人ひとりが「体験報告会」でプレゼンを行い、様々な体験談と将来の目標を発表します。

◇

「立正では、これらのプログラムを6年間という一貫教育の利点を活かし、反省と見直しを繰り返しながら継続して取り組むことに意義があると考えています。このプログラムを行うことで、生徒たちは自らアクティブラーニングを行い、プレゼンテーション力を養うことができます。この力は大学進学後、そして社会人となったときに必ず自分自身を支え、助ける力になると確信しています」

（校長補佐　今田正利先生）

立正大学付属立正中学校

［共学校］
〒143-8557 東京都大田区西馬込1-5-1
TEL：03-6303-7683
URL：https://www.rissho-hs.ac.jp
アクセス：都営浅草線
「西馬込駅」西口下車徒歩5分
※JR線「大崎駅」からスクールバス有
■学校説明会（要Web予約）
12月 2日（土）14：00～
12月16日（土） 9：30～
※両日とも入試問題解説会を実施
1月13日（土）14：00～

New Komajo!
世界で輝くグローバル教育
Komajoの新しい学習スタイルが始まります
2024年度
高等学校
英語クラス新設！
（予定）
説明会・体験会などの
イベント詳細はこちら▶
こまぽん

駒沢学園女子中学校 | 駒沢学園女子高等学校

Komajo Komazawa Gakuen Girls' Junior High School | Komazawa Gakuen Girls' Senior High School

〒206-8511 東京都稲城市坂浜238　TEL：042-350-7123（代表）　FAX：042-350-7188　Komajo 検索

アクセス
●京王相模原線「稲城駅」より小田急バスにて約7分
●JR南武線「稲城長沼駅」よりスクールバスにて約14分
●小田急線「新百合ヶ丘駅」より小田急バスにて約20分
●田園都市線、横浜市営地下鉄ブルーライン「あざみ野駅」よりスクールバスにて約35分

海城学園は、時代が求める

「新しい学力」

「新しい人間力」

を育成していきます。

www.kaijo.ed.jp/

ともに歩もう、君の未来のために。

未来を生きるために必要な力とはなんだろう。それを学ぶには、
どんな教育が必要だろう。私たちはいつも考えています。
未来に向けて一生懸命努力する君たちと、ともに考え、悩み、
感動しながら歩いて行く。知識を伝え、学力を伸ばすだけでなく、
生徒と一緒に明日を見つめ、いつも彼らを応援する。
それが海城の教育です。

リベラルでフェアな精神を持った「新しい紳士」を育てる。

海城中学高等学校

〒169-0072　東京都新宿区大久保3丁目6番1号　電話03（3209）5880（代）

交通 JR山手線「新大久保」駅から徒歩5分・地下鉄副都心線「西早稲田」駅から徒歩8分

直前期の不安解消　学習アドバイス

入試本番が近づくほどに「いまやっていることで大丈夫なのだろうか」「間に合うんだろうか」と、とかく不安がよぎるものです。とくに年が明け、入試までのカウントダウンが始まるとグッと緊張感が高まってきます。だからといって、いたずらに受験生の焦りを誘うようなマイナススワードは禁物です。このページでは「家族で取り組むラストスパート」に有効な直前期のおすすめ勉強法をご紹介します。全体的な注意事項と、次ページからは教科別に、そのポイントを取り上げます。さあ、最終ダッシュを始めましょう。

過去問利用の復習で追いこみを

これまでの学習すべてを復習するのはむずかしい

みなさんがこのページを開くことになる日から、入試当日までは、あと2カ月~2カ月半くらいかと思われます。まさに「直前期」に入ったわけです。

受験直前期にやってほしい勉強は、なんといっても「復習」です。

みなさんは、初めは基礎を固めてきました。そして応用、さらに10月ぐらいからは、本格化した過去問演習との2本立てで、時間をかけて学習してきました。

その復習をすればよいのですが、ここからの時間で、そのすべてを再度学習することはできません。とくに周囲の雑音から新たな参考書を取り寄せるなど、無理な計画を強いることは禁物です。

どれだけ勉強してきても、「足りないことがあるのでは?」と不安になるのはわかりますが、直前期に新しい問題集に手をだしてしまうと、すべて解き終えるのもむずかしく、解けない問題がでてきた際には不安が増してしまいますので逆効果です。おすすめできません。

直前期は、中途半端に新しいことを始めるよりも、これまでのがんばりを確認しながら完成させることに注力した方が得点に結びつきます。

「あのとき、この問題にずいぶん苦労したけど、いまは簡単だね」とほめることも忘れてはなりません。そうです、お子さんはじゅうぶんな準備をしてきたのですから大丈夫。ここからは、いよいよ志望校合格にねらいを定めて、工夫し、問いの意図を深堀りした追いこみ復習で、自信を持ってラストスパートへと進むことが重要です。

追いこみのために役立つのが過去の入試問題、いわゆる過去問です。過去問に背中を押してもらうイメージの復習で、最終ダッシュにふさわしい学習を進めましょう。

ここまでお読みになって「えっ、また過去問やるの?」と思われたかたもおられるでしょう。

そうですよね。もうすでに2カ月間、過去問やってるよ、というご家庭もあると思います。

「もう一度」ではなく、ここからの2カ月または1カ月は、過去問をひととおり終えたあとの再度の取り組みです。ここは、少し視点を変えた過去問学習が必要になるのです。

それを左ページでご説明します。

難問を解くことにこだわらず 捨て問をつくる勇気を持つ

さて、復習の話に戻ります。

勉強してきたことの復習をしっかりやらなければと「さあ、復習だ、追いこみだぞ」「いままでに解いたことのある問題は絶対にまちがえないでね」というレベルまで到達させたい、と保護者はお考えになるかもしれません。

しかし、解いたことのある問題のなかには難問もあったでしょう。

それを解けるようにして、入試で「類題がでたから、さあ解くぞ!」と取り組んでも、その難問の解答に費やす時間を考える必要もあります。

その難問が大問1や2に出題されて、無理に「解いたことがある……」とこだわり、ほかの「解けるはずの問題」に手がまわらない事態は絶対に避けなければなりません。

これまで周囲から「合格に満点は必要ない」と何度も聞かされたはずです。合格には6割以上~7割の正答で届きます。そのスコアの中身が難問を解いたのか、易問を解いたものなのかは関係ないのです。合否はあくまで総合点で決まります。はっきりいえば「捨て問をつくる」勇気が、お子さんはもちろん、保護者にも必要になるのです。

この時期からは、進学塾でのさまざまなイベントもあり、思いもよらぬ速さで時間が進むように感じられると思います。そのかぎられた時間のなかで「できること」を見極めて作戦を立てる必要があります。

ねらいを定めた復習が肝心 正答率を意識した過去問学習

そこで復習では、過去問の正答率に目を向けるのです。

みんなが解ける問題、つまり正答率が100%に近い問題を、まずはかならず解けるようにします。そして、正答率70%→60%→50%と、低い方へとやり直していきます。

受験する学校の過去問数年分を見渡し、正答率の高いものから順に解くので、「過去問数年分」といっても時間はかかりません。さらに、この演習を繰り返していくうちに、その学校が力をそそいでいる出題傾向も見えてきます。

このようにして、取れる問題を取りきる力を身につけることで、合格を手に入れるチャンスが広がります。とくに国語、算数で顕著です。

また、この方法は、やさしい問題から進めるのですから、お子さんの自信にもつながります。

復習は、知識を頭からアウトプットするトレーニングにもなります。

また、当日の時間配分も改めて確認するようにしましょう。つまり「解ける問題」を探し、まず解く。前述したような難問はあとまわしにして、場合によっては捨て問になってもよい、という覚悟を身につけましょう。

いまの段階でこれらを確認することで受験当日の解答の進め方についてイメージをつかむこともできます。また、正答率が高い、やさしい方からとはいえ、過去問を数回解くということは自信にもつながります。

受験ではメンタル面が結果に大きく影響を与えます。自分に自信をつけるという意味でも、直前に一度「解いた・解けた!」と覚えておける過去問を解き直す作業は重要です。

それでは次ページからは、それぞれの教科について直前期の学習ポイントに触れていきます。

朝学習

学習スタイルは朝型に切り替わっていますか。入試が始まる時刻に合わせて脳が活性化するよう、家族全体で起床と起床後をサポートしましょう。朝早めに起きているだけでは意味がありません。起きたらなにをするかが、直前期のポイントです。

【漢字の読み書き】

入試が近づいても、毎日取り組んでほしいのが漢字の読み書きです。朝、起きて脳が目覚める手助けをするつもりで、短い時間でもよいので、繰り返し意味を考えて読み、筆順を確認しながら書く練習をしましょう。

書くときは、ていねいに書きましょう。記述での誤字は減点です。

【計算練習】

計算練習にも毎日取り組んでほしいですね。簡単な計算で、割合のだし方や、大きな数字同士、小数同士の計算など数題を「速く正確に解く」練習をしましょう。あきてしまうようなたくさんの問題に取り組む必要はなく、計算ミスがないようしっかりと「解く」ことが重要です。

国語

国語に表れるその学校のポリシー

極端なスコアアップは期待薄 正答率の高い問題をしっかり

ここからは、教科別に直前期の学習法をお伝えしたいのですが、じつは国語は、受験直前対策だけで極端なスコアアップをもたらすことはむずかしい教科だといえます。

ここまでの過去問を中心とした学習で志望校の出題傾向に慣れておき、「ほらきた」「そうきたか」と作問者と対話できるほどの落ちついた受験態度にまで持っていけているとよいのですが……。

そんな受験生は、すでに合格予想もAランクで飛び抜けており、多くの受験生とはちがいます。

多くの受験生がここから入試当日までにねらうべきは、前ページでも述べてきたとおり、正答率が高い問題の攻略です。とくに国語は、みんなが解ける問題は、確実に得点することが重要課題となります。

ですから、正答率の高い、漢字や熟語の成り立ちなどは、しっかり確認しておきます。漢字や語彙は、受験にでやすい漢字や頻出語句を復習しましょう。

単純ミスが思わぬ失点に ふだんからの言葉遣いに注意

また、国語はふだんから使っている日本語で問われるため、単純ミスが起こりやすい教科だということも意識してください。

記述式の解答で「ちがって」を「ちがくて」「ちがうくて」と、ふだんの会話でのまちがった言いまわしで記してしまうミスがありえるということです。

試験本番、緊張で文章の読みまちがいや勘ちがい、解答記入欄のズレなどが起こりやすいのも国語です。過去問を演習するときは、解答用紙を実際の大きさにコピーして書きこむことをつねとしましょう。

さて、直前期の追いこみだけで効果をあげるのはむずかしいのですが、国語でのスコアアップは文章題の攻略にかかっています。

筆者や登場人物の考えや気持ちを問うたり、しめした文章を要約させたりというのが文章題の問い方ですが、文章題は課題文と問題文を正しく読みこめていれば、答えは課題文のなかにあるので、けっしてむずかしくはありません。

過去問で解答への道筋の立て方を身につければ、配点が高いので高得点につながりやすいのも特徴です。

文章題も残り1〜2カ月あれば、得意問題にできる可能性もじゅうぶんあります。とくに初めて見る文章を多めに読むことで効果が上がります。時間がないかもしれませんが、新聞に目をとおすことでもかまいません。自然と語彙力も上がります。

配点の高い文章題は、取り組む時間で効果がちがってきます。

もうひとつ保護者のみなさんにお願いしたいことがあります。

国語にかぎるわけではありませんが、とくに国語の入試問題は、学校によって出題傾向が異なります。出題の仕方、順番などにその学校の特徴がでます。

どのような問題が出題されるのか、問題にどういった特徴があるのかは、過去問の学習を進めているうちに把握することが可能です。これは保護者が見極めることになります。

過去に多くあつかわれているテーマはその学校で重要視されているものです。毎年ちがう長文が見られるとしても出題の意図は似ている場合が多いのです。つまり、その学校のポリシーやミッションがしめされていると考えてよく、それが最も表れるのが国語だといえます。ここに大きなヒントがあることを保護者のかたは意識してください。

算数

「捨て問」にこだわらない姿勢を

解ける問題から積み上げて 着実に合格点に届かせる

直前期の算数は、算数分野のうち、どんな問題なら大丈夫なのか、逆にどこができないのかを明確にすることが重要です。そのことを受験生本人が意識することがスコアアップにつながります。

勘ちがいしてほしくないのは、明確にした「できない部分」をやり直そうといっているのではありません。

この時期からは、あまりむずかしい問題には手をだす必要はないのです。「君子、危うきに近寄らず」の故事にならいましょう。

受験では満点を取る必要はなく、合格点を取ればよいと割りきります。

ですから「できる問題」を見つける目を養うことが必要です。選びだした「できる問題」を、まちがえずに正解する練習をしましょう。

試験当日も、解ける問題から解いていき、それをベースにさらに得点を伸ばしていく作戦です。

直前期の過去問の解き方もこのことを意識していく必要があります。まず全体を見通して「できる問題」を見つけだし、着実に正解を積み上げてください。

そして、その見つけだす時間も含めて、実際の試験時間帯と同じ時間帯を設定し、どれだけ解けるのかも確認します。

いまは「できなかった問題をできるようにする」ということは目的にはなりません。「できる問題をもっと確実にできるようにしておく」時期なのです。

ただできなかった問題でも、この時期、時間があれば取り組んでもよいものがあります。それは志望校の過去問でよく問われている問題です。

国語同様、算数も学校によって出題傾向に特徴が表れる教科です。

得点源となるポイントもそれぞれの学校で異なる可能性が高いので、過去問研究は大切です。そしてそれは保護者の仕事になります。むずかしければ、類似問題を探すのは塾の先生に相談してもよいでしょう。

また、多くの学校で出題される基本的な計算問題は、かならず得点したい得点源であり、時間を使わず解き進めたい小問です。

計算式を求められるときは、ていねいに書くようにします。急いでいるからといって書き飛ばさないようにしましょう。一つひとつ確実に解いていき、検算までできるようにします。計算問題は、解き方が理解できていても過信していると落とし穴にはまります。

ですから前述のとおり、準備体操感覚で、毎朝起きたら数問は解きつづけるようにしましょう。ただし、計算問題練習が短い時間に多すぎる場合は、集中力が散漫になってしまい逆効果です。

入試は算数が合否を左右する 時間配分もポイントに

過去問を進めると、算数の出来がよかった年のものは合格、悪かった年は不合格となることに気づきませんか。入試の合否には、算数の出来のよしあしが大きな影響を与えるということです。他教科では点数の差があまりつかないことも要因です。

そこで最も大切になってくるのが、算数の時間配分です。過去問には各設問の配点が載っていますが、配点が少ない問題を時間をかけずに答えきる練習をしましょう。

入試は満点を取らなくても、全部の科目を合わせた合格最低点を取れば合格します。

繰り返しになりますが、「捨て問」はしっかりと捨て、正解するべき問題を再度見直して確認、確実に点を取るようにしましょう。

社会

語句は暗記するだけでなく意味を理解し活用できてこそ

社会科の出題では正答率に注目しても、3分野のうちどれが正答率が高いのか、国語、算数ほど見極めがうまくいきません。

じつは受験直前で最も成績が伸びるといわれるのが、暗記2科目と呼ばれる社会科と理科です。正答率で攻略できないならば、ご家庭でも暗記を重要視する方法が考えられます。

覚えたら覚えた分だけスコアアップにつながるのですから、直前の勉強法としては最も効率的ですし、目に見えるスコアアップは、つぎへのモチベーションにもなります。

ただ暗記にもポイントがあります。それは語句を暗記することにとどめず、ひとつの単語を覚える際にも、しっかりと意味を理解して、他の知識と関連づけておくことです。

じつは社会科では、暗記していても、その言葉の意味をわかっていない受験生をときどき見かけます。自分で語句の説明ができ、その知識を活用できて初めて得点につながるということを覚えておきましょう。

たとえば、歴史の問題で、ある語句について問われたのち、つぎの設問では地理の面から同じ語句が対象になっていることは往々にしてみられる出題です。

3分野が互いに関連した問題も

社会科の出題範囲は3分野、歴史、地理、公民です。ひとつの語句を覚えるとき、3つの分野にまたがる可能性を意識して覚えましょう。

また、時事問題が出題されることが多いのも中学受験の特徴です。

時事問題対策は、今秋までのニュースをまとめておくといいと思います。公民の問題は時事問題の角度から問われることもあります。

時事問題は家族で取り組むのがおすすめです。家族の話題のなかで、ニュース番組について話をしましょう。時事問題は改めて机に向かって暗記することには向いていません。常日頃からの積み重ねが効果を発揮します。ニュースや新聞を見ることも大事ですが、それだけでは不十分になる可能性もあります。

勉強として向きあうだけではなく、団らんのなかでご両親が集めた情報をリラックスして伝えるという方法も効果があります。

地理は、志望校の出題傾向を確認しての対策が必要になりますが、地図に関しての復習もしておきましょう。地図記号や、都道府県に関する問いは、地理の問題では出題される確率がとても高いものです。

社会科では、このほか資料の読み取り問題が多くなってきました。

表やグラフを読み取って思考力を試す問題も増加

これは柔軟な思考力を試す問題につながっています。近年の傾向として、とくに難関校・上位校では、地理や歴史、公民にすべて結びつけた問題など、複数の知識が組みあわさった問題が増加しています。

このような柔軟な思考力を問う場合は記述式解答も多く、思考力はもちろん、その前提の読解力、言語化能力、表現力なども試されています。

表やグラフの読み取りは公立中高一貫校が始めたものですが、私立中高一貫校でも社会科や国語の記述問題の材料として登場しています。過度に意識することはありませんが、新聞やニュースで資料がでていたら目をとおしておきたいところです。

たとえば、現代の感染症、新型コロナウイルスと同様、奈良時代には天然痘、江戸時代には麻疹《ましん》（＝はしか）が流行したことがあります。

当時の図版や史料を使って、パンデミックに関連づけた問いがでてこないともかぎりません。

理科

あつかわれる分野・単元が多い理科

4分野のなかに多くの単元 学校により出題傾向も異なる

ここまで述べた正答率作戦は、社会科では、国語、算数ほどには見極めがうまくいかないと記しましたが、同じ暗記科目の理科ではどうでしょうか。

社会科には3分野、理科には4分野があります。社会科では歴史、地理、公民を織りまぜた出題が考えられますが、理科では、化学、物理、生物、地学を融合させた問題はそんなにはでてきません。

さらに4分野のなかにさまざまな単元があるのも理科の特徴です。

単元、範囲ごとにそれぞれで問われますので、学校によって毎年どの分野に重きがおかれるか、などの特徴がでます。

たとえば化学、物理でかならず実験があつかわれたり、単元でいえば、浮力、濃度、電流、滑車など算数計算が関係する問題や、月の満ち欠けなど天体の問題をかならずだしたりする学校があります。

直前でも追いこみができる 暗記科目ならではの傾向

理科も社会科と同じく暗記がスコアアップを助けてくれる教科ですが、社会科は全体的に暗記で答えられる問題が多いのに対して、理科の場合は暗記で答えられる問題が多いのは、生物と地学の2分野です。

この2分野が正答率でも高くなります。文言を暗記すればよいのですから、配点は低くとも生物と地学は直前でも効果的な追いこみができる分野だと言えます。

この2分野については、いまからでも間に合いますから、覚えていない内容は暗記ノートをつくり、いつでも見直せるようにしておきます。家のなかのいたるところに、大きな暗記カードを貼っていたという先輩もいます。

4分野の過去問まんべんなく 生物・地学の暗記にも注力

さて、過去問は、弱点を探しだし対策を施すためのものです。

解説を読んでの理解のみではなく、定着させることが大切です。文字面の暗記だけでなく、その中身を理解するようにし、再度、きちんと覚えているかどうかの確認もしておきましょう。

また、前述した分野や単元などで、志望校の過去問から出題傾向を確認して、出題率が高い単元や範囲があれば、集中的に取り組むようにします。理科は内容と文言を暗記すればよいのですから、ある意味では時間との勝負だけです。

記憶の確認後、覚えていなかった過去問を引っ張りだし、類題も解いて定着をはかります。

生物と地学は、これからの短期間でスコアアップするのに重要ですが、正答率が高い問題なのに、暗記し覚えていなければ点数を取ることができない分野でもあります。正答率が高いだけに、落とせば痛い思いをすることにもなります。

順番でいえば、志望校で出題率が高い過去問を解き、その復習と並行して生物や地学の暗記をつづけていくことがポイントです。

直前だからといって生物と地学の暗記のみに全力をそそぐのではなく、理科4分野について、まんべんなく復習し、総合的に勉強を進めるようにしましょう。

さて、電気、天体、水溶液の濃度を苦手とする受験生が多いようです。

そこで、この3単元に集中して取り組むことも効果があります。多くの受験生が不得手なのですから、自分のものにすればアドバンテージになりますし、自信にもつながります。

未然に防ぎたい

入試 直前＆当日に起こりがちなトラブル

ここでは、ケース1～ケース6に分けて、入試の直前と当日に起こりうるトラブルについて紹介します。その対策について知っておけば、もうこわくありません。

ケース1

過去問演習から制限時間を意識する

　どの問題にもじっくりと取り組むようにしていた男の子。自宅で過去問に向かう際も、各問題文を熟読して解いていました。保護者のかたが丸つけをすると、合格最低点を上回るどころか、ほぼ満点。そのため、本人も保護者も「いつもどおりにできれば、合格にちがいない」と安心しきっていました。

　ただ、直前期になって志望校別講座に通ったら予想もしていなかったことが……。まわりの子たちとその男の子の問題を解くスピードがまったくちがっていたのです。男の子はつぎつぎと課される問題を解き終えることができません。

　じつはその男の子、すでに過去問に取り組んでいましたが、時間をはからずに解いていたのです。保護者は制限時間のことはもちろん把握していました。しかし時間をかけて理解を深めるのがその子のスタイルだったので「時間をはかると、気持ちが焦って実力を発揮できず、やる気を失うかもしれない」と思い、まずは制限時間を設けずに取り組ませていたそう。

　その後、短期間で合格ラインを越えたこともあって、保護者もつい制限時間のことを忘れてしまっていました。

　入試では、時間配分がカギになります。いわゆる「捨て問」を見極めて対応していくことも必要なのです。そのため過去問演習の段階から、本番を意識して、時間やペース配分に気を配らなければなりません。

　思わぬ事態におちいった男の子。そこから、本番に必要なスピードを身につけるための特訓をスタートします。過去問演習では、まずすべてのページに目をとおしてから、得意分野の問題や解けると思った問題を選んで○印をつけ、そこから解答を始めることに。

はじめのうちは、多くの問題に○印がつけられていましたが、実際に解いてみると、解けないものや時間がかかりすぎてしまうものもありました。これまで一生懸命に問題に向きあっていたこともあり、時間をかければ「解けそう」な問題にも○印をしていたのです。

そこで「解ける」と判断した問題には○印を、「解けそう」と感じた問題には△印をつける2段階方式にやり方を変更しました。○印の問題を解いたのち、残り時間を確認したうえで△印の問題に取りかかるようにしたのです。

加えて、毎日計算問題やドリルなどに何セットも取り組み、単純な問題に時間をかけない練習にも励みました。

すると、学力がもともと高かった男の子は、特訓の成果もあり、無事に制限時間内に合格最低点を上回ることが可能になりました。しかし、あと一歩気づくのが遅ければ、対策が間に合わなかったかもしれないケースです。

ケース2

残念な結果も想定し家族で話しあう

つぎに、公立中高一貫校を第1志望としていた女の子の事例を紹介しましょう。

公立中高一貫校で実施される適性検査問題のなかには、おとなでも解くのがむずかしい問題が存在します。また途中計算も長く、ちょっとした計算ミスや勘ちがいをすると、一気に点数が下がってしまうこともありえます。

ただその女の子は要領よく問題を解けるタイプだったため、適性検査問題にも苦手意識はなかったそう。そして過去問の点数も順調に伸びていました。

実際に入試当日も「受かった」という手応えがあったことから笑顔を見せていたといいます。しかし、フタを開けてみると不合格……。

それを知った女の子は大粒の涙を流しながら「もう二度と受験はしない。中学校を卒業したら働く」と言って、ふさぎこんでしまったそうです。この状態のまま第2志望の私立中学校を受けてもうまくいくわけがありません。

入試には合否がつきものですから、残念な結果になることもありえます。「もし本命校に受からなかったらどうするか」を受験生と保護者で事前に話しあっておくことが大切です。受験したこと自体を後悔しないよう覚悟を持ってのぞめるか、本人の気持ちを確かめておきましょう。

そして、入試当日が近づいたタイミングで再度、本当に受験するかどうかを話しあえるといいですね。

女の子はその後、公立中高一貫校から繰り上げ合格の知らせを受け、無事に本命校に入学することができました。ただ、検査得点開示を受けて再度問題を解いてみると、過去問と比べて点数が低かったことがわかりました。当日は気づかなかったものの、緊張していたためか、ケアレスミスなどが多かったといいます。

ケース3

着慣れない服装でパニックになることも

入試当日、どんな服装をするか、悩むかたも多いでしょう。ある男の子は保護者と相談して、一般的な制服に準じる格好にしようと、新品のジャケット、セーター、ズボンを準備しました。

気合いを入れて試験にのぞみましたが、着慣れないジャケットに違和感があり、なかなか集中できない状態に……。しかし、そのまま試験を受けつづけたといいます。

試験中であっても、挙手をして「暑いので上着を脱いでもいいですか」と試験官に申しでれば、脱ぐことは可能だったでしょう。しかし男の子は「ジャケットを脱いだら、だらしないと思われるのでは……」と不安を感じて、申しでることができなかったそうです。

こうした「服装パニック」と呼べる事例は意外に多いものです。ふだんとは異なる格好で長時間過ごすことは、受験生にストレスを与える要因となります。

とくに面接がひかえていると「かしこまった服装を」と考えてしまいがちですが、その格好で筆記試験を受けていると、「服装パニック」になってしまう可能性もあります。

51ページからの「面接試験の虎の巻」でもお伝えしているとおり、面接があっても、服装は着慣れているものでかまいません。寒さ対策と、脱ぎ着しやすいかどうかを優先して、なにを着るかを決めることをおすすめします。

ケース4

入試の合否は総合点で決まる

その女の子の得意科目は国語、そして苦手科目は算数でした。国語はもちろん、算数、そしてほかの教科も着々と点数を伸ばしていました。直前期には合格ラインにも届き「これならきっと受かる」と自信を持って入試本番を迎えたといいます。

ところが、試験を終えて保護者と落ちあったとたんに、声をあげて泣きだしてしまいました。理由を尋ねてみると、国語も面接も思ったとおりにうまくできたのに、算数ができなかったというのです。

入試では、難問がでたり問題の傾向が変わったりすることで、思ったように解けない場合もあります。そうすると、動揺していつもどおりの力を発揮できないことも……。

なんとかなだめて家には帰りましたが、ずっとふさぎこんでいる女の子に、家族もどのように声をかけたらいいのかわかりません。

ただ、つぎの試験は翌日に迫っています。気持ちを切り替えてのぞまなければなりません。そこで、保護者のかたは、以前塾の先生から聞いていた話を思いだし、女の子に伝えました。それは「入試は総合点で決まるから、ひとつの教科でミスをしても、ほかの教科でカバーできる」ということ。

さらにこれまでの受験勉強における努力や、習い事と勉強を両立してきたことなどを言葉にしてほめることを繰り返しました。その励ましでようやく笑顔を取り戻した女の子。

その後、合格発表をみてみたら、算数の得点も合格者平均点を上回っており、無事に合格を手にしていたといいます。

ケース5

忘れものがないよう再チェックしたい

いよいよ迎えた入試当日。時間に余裕を持って保護者とともに電車に乗りこんだ女の子。そこで気づいたのが、肝心な受験票を忘れてしまったということ。急いで家に取りに帰り、今度は電車ではなく自家用車で試験会場へ。幸いなことに、道路が空いていて、なんとか時間に間に合いました。

ただ、なかには、自家用車での来校を認めていない学校もありますし、渋滞に巻きこまれて時間に遅れると、試験を受けられない可能性もでてきます。なぜなら、公共交通機関の遅延以外の遅刻理由は認められない場合があるからです。

こうしたことがないように、試験当日の朝、再度持ちものを確認することをおすすめします。かならず持っていかなければならない筆記用具や受験票をはじめ、試験会場に向かうために必要な交通機関用ICカードなどもチェックしておくといいですね。

インターネット出願では、受験生

が受験票を印刷して持っていくこともあります。その場合はあらかじめ2枚印刷しておき、1枚は予備として保護者が持っておくと安心です。

ケース6

不安を吹き飛ばして全力でラストスパート

地元でも強豪といわれている陸上部に入ろうと、5年生のときから本命校をしぼっていた男の子。しっかりと計画を立て、着実に志望校対策を進めていました。その成長ははっきりと感じられ、問題はないようでした。

しかし、過去問演習が本格化した秋、本人が突然「あの学校には行きたくない」と言いだしたのです。よく聞いてみると、それはプレッシャーからでた言葉でした。「ライバルたちよりも、ずっと前から対策をしてきたのに、もし不合格だったら……」という不安が、過去問に対峙したことでピークに達したのです。

その不安を理解しつつも、男の子の勝ち気な性格をよく知る保護者は、「つらいなら中学受験はやめようか」「近くの公立中学校に通う選択肢もあるよ」と、あえて本人の意思に任せるような言葉をかけました。

すると、勝ち気な性格が功を奏し、「いやだ。受かってやる」と気持ちを奮い立たせて、弱気な言葉を口にしなくなり、ラストスパートに全力をそそぐようになったそうです。

◇

ここまで紹介してきた6つのトラブルは、事前に知っておけば防ぐことができると思います。トラブルなく本番を迎え、合格を手にしてください。受験を経て、お子さんは大きく成長しています。そこで身につけた力は、中学校生活でも存分にいかされるでしょう。

学校の先生に読んでほしい

先生！子どもが元気に育っていますか？

増補改訂版 発売中

A5判 168ページ 定価1,760円（税込）

淡路雅夫 著
（淡路子育て支援教育研究所主宰）

先生のための
人を育て、自分を育て
学校も伸びる本

「教員は、生徒に向ける関心こそが、自己の生徒指導の方法を磨いていくのだということに気づくべきです。生徒に**目をかけ心をかけて育てていくこと**で、教員自身も育てられているのです。それがひいては学校を伸ばすことにつながります」という著者が、長い教員生活のなかで「自分を育ててくれた」生徒との関係、親との関係、学校との関係を振り返りながら、いま奮闘を続けている先生たちと学校に語りかけます。

電話受付 03-3253-5944

注 旧版に新たに増補を加え改訂しました。旧版をお読みの方は重複した内容がありますので、ご注意ください。

株式会社グローバル教育出版
https://www.g-ap.com/

～夢のチカラと創造力～
中学に６年一貫の「IGSコース」が新設！

「生徒１人ひとりの持ち味を生かす教育」を大切にする八千代松陰中学・高等学校。
2024年度より中学に新たな中高一貫コースが誕生します。

八千代松陰中学・高等学校

千葉　八千代市　共学校

所在地：千葉県八千代市村上727
ＴＥＬ：047-482-1234　ＵＲＬ：https://www.yachiyoshoin.ac.jp/jhs/
アクセス：京成線「勝田台駅」・東葉高速鉄道「東葉勝田台駅」「八千代中央駅」バス

八千代松陰中学校でワクワクするコースが始まる！

千葉県内で有数の進学校として知られる八千代松陰中学・高等学校（以下、八千代松陰）。１９９１年に、大学進学だけにとどまらず、豊かな国際感覚を持ち、グローバルに活躍できる人材の育成を目標に、高校にＩＧＳコースを設置。以来、30年以上の長きにわたり優秀な卒業生を数多く輩出し続けており、いまでは八千代松陰を象徴するコースとして多くの受験生に認知されています。

そのＩＧＳコースが、満を持して、２０２４年度より中学にも設置されることになり、八千代松陰の新たな中高一貫教育の柱として注目が集まっています。

「中学ＩＧＳコースの教育コンセプトは高校ＩＧＳコースと同様です。『確かな学力』『キャリアデザイン』『グローバル感覚』の３つをキーワードに、これまで培ってきた30年以上のノウハウを中学から存分に発揮していきたいと考えています。高校ＩＧＳコースで生徒の確かな手応えを感じていますので、中高６カ年でより深くプログラムを展開した先には、どんな素晴らしい未来が待っているのだろうかと思うと、いまから大変ワクワクしています」と内堀誠ＩＧＳ主任は話します。

中学ＩＧＳコースのキャッチフレーズは「夢のチカラと創造力」です。幼い頃の夢が、周りの人々の助けにより育まれ、数々の経験を経て大きな「チカラ」となり、その「チカラ」から生まれる創造力が人間を成長させ深化させる。そんなコースになるようにと、高校ＩＧＳコースの生徒たちと一緒にこのキャッチフレーズを考えたそうです。

IGSコースのアメリカ研修の様子

中高6カ年で国際感覚豊かな次世代リーダーを育てる

八千代松陰には、オーストラリア、ニュージーランド、カナダ、ベトナム、韓国の5カ国に姉妹校・提携校があり、毎年、効果的な海外研修を実施しています。なかでも高校ＩＧＳコースで人気の高い海外研修ＴＭＰ（トレイル・メーカーズ・プログラム）を中学ＩＧＳコースでも早い段階から実施し、中高ＩＧＳコースの連携を強め、国際感覚豊かな次世代リーダーの育成をめざします。

「授業は、ハイレベルなオリジナル教材を使用し、先取りをしながら進めますが、我々教員とチューターでしっかりとサポートしていきます。文系・理系にあまりこだわらず、リベラルアーツ的な学びを実践し、生徒の知的向上心が醸成されるような仕掛けも考えていきます。また、キャリアの部分でも高校ＩＧＳコースの先輩たちや卒業生などの話を聞けるような機会も増やしていきます」と金子智之副校長は話します。

中学ＩＧＳコースは、6年間クラス替えをせずに進みますが、高校ＩＧＳコースの生徒たちが「チューター」として勉強や行事などに積極的に関わることで、学年の枠を超えて「ＩＧＳコース生」としての絆を深めていきます。

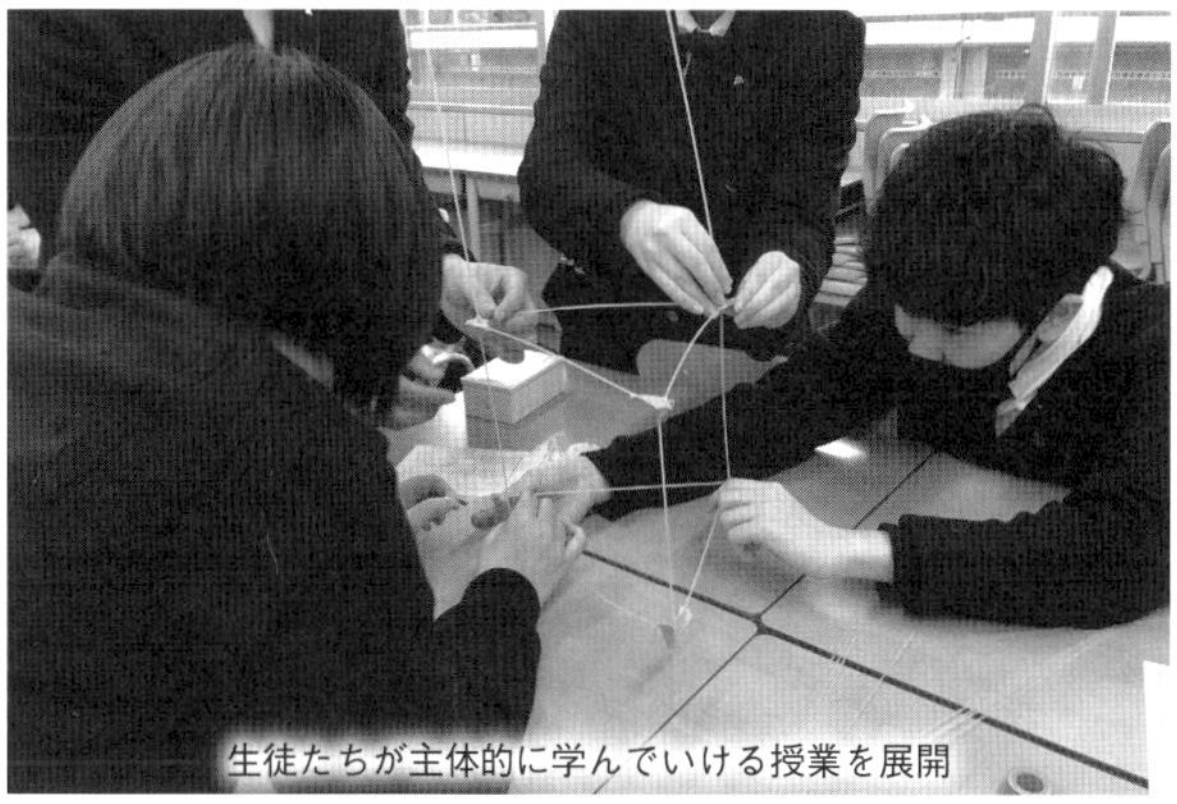
生徒たちが主体的に学んでいける授業を展開

12月1日の特待推薦入試合格者は6年間授業料免除

高校ＩＧＳコースには、高校から入学する生徒で構成されたＩＧＳクラス（2クラス）と付属中学から進学した生徒のみで構成されたＩＧＳクラス（1クラス）があります。

２０２３年度大学入試では、付属中学から進んだＩＧＳクラスの卒業生35名のうち、14名が国公立大学、14名が早慶上理、50名がＧＭＡＲＣＨに合格するという素晴らしい結果を残しており、来年度からスタートする中学ＩＧＳコースの6年後はこれ以上の結果が期待されます。

「本校は『生徒1人ひとりの持ち味を生かす教育』を大切にしています。いまは自分の持ち味に気づいていない人もいるかもしれませんが、本校の6年間できっと気づくことができるはずです。そのための仕掛けもたくさん用意していますので、ぜひ一度、本校に足を運んでいただき、充実した教育環境を体験してください」（金子智之副校長）

中学ＩＧＳコースは、12月1日の特待推薦入試10名、1月20日の一般入試20名の募集で入試を実施します。特待推薦入試に合格した特待生全員が、6年間授業料が免除になるなど、中学ＩＧＳコースを意欲的に推進する八千代松陰。国内難関大学だけでなく、海外大学への選択肢も大きく広がっていきます。

入試説明会

11月18日(土) 9:30〜
※オンラインで実施
12月16日(土) 9:30〜
※対面で実施

IGSコース入試日程

・特待推薦入試：12月1日(金)
※募集10名
・一般入試：1月20日(土)
※募集20名

【タイアップ記事】

日々の学びで培った力が高大連携でも花開く

三《み》輪《わ》田《だ》学《が》園《くえん》中学校

〈女子校〉

独自の英語教育や探究活動を展開する三輪田学園中学校。2015年に近隣にある法政大学と高大連携協定を締結し、様々な連携を行ってきました。これまでの生徒の取り組みが評価を受け、今年から連携が強化されています。

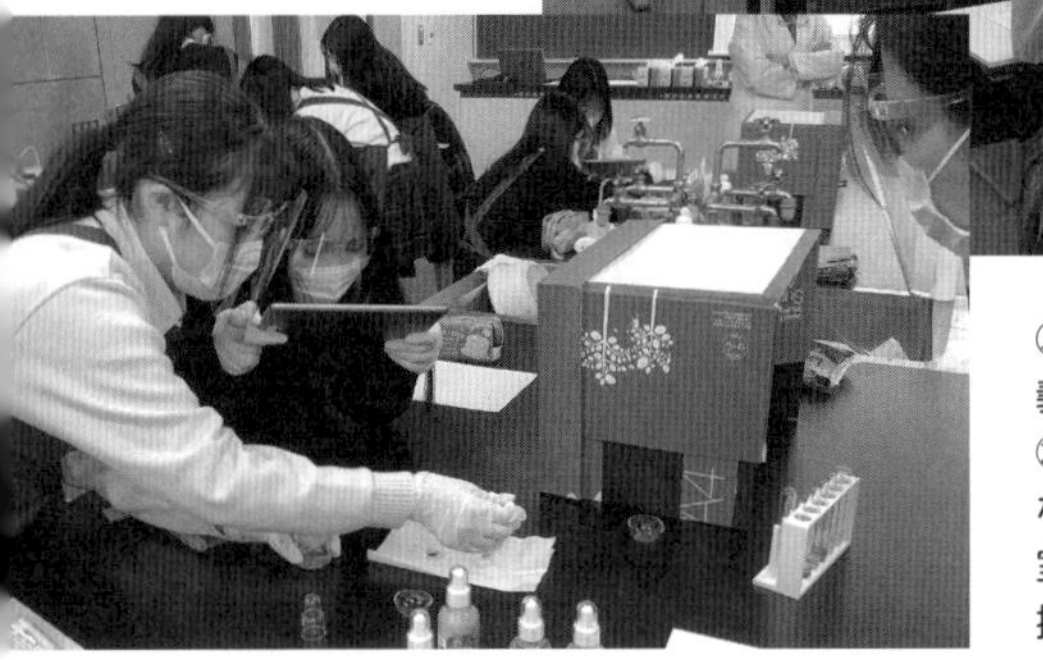

㊤三輪田学園生のためだけの講義が行われる連携講座をはじめ、㊧法政大の設備を使って高度な実験に取り組む理科実験教室などもあり、魅力的な高大連携が実施されています。

様々な分野に触れ 幅広い知識と視野を獲得

「学校の自慢は生徒」。これは三輪田学園中学校（以下、三輪田学園）の校長先生をはじめとする教員たちが抱いている思いです。同校は生徒と丁寧に向きあう指導が魅力で、生徒それぞれが描く未来に向け「今何をすべきか」をともに考えます。

進みたい道を見つける1つの機会となるのが、法政大学（以下、法政大）との高大連携です。留学生と交流したり、大学生や企業の方と課題解決にチャレンジしたりと、多彩なプログラムがあります。

今年は連携がさらに強化されており、その経緯を進路指導部長の藤田純平先生にうかがうと「法政大からの申し出により実現しました。これまでの生徒の姿を評価してくださったのだと嬉しく思います。生徒は大学の先生や学生と触れあうことで、視野を広げ、大学受験へのモチベーションを高めています」と話されます。

新たに始まったのは高大連携講座（以下、連携講座）と法政大学データサイエンス聴講制度（以下、聴講制度）で、高3の希望者が対象です。

連携講座は全12回。初回のオリエンテーションと、まとめの最終回は三輪田学園の教員、それ以外は法政大各学部の教員が交代で講義を担当します。内容はどれも最先端の研究ばかり。今年度は外国人教員がアニメとジェンダーをテーマに英語で行う回もあり、生徒も英語で質問するなど積極的に取り組んでいます。

聴講制度はオンデマンド方式です。大学生と同じ内容の講義を受けるため背伸びをすることになりますが果敢に挑戦している生徒もいます。

なお法政大への推薦進学は、指定校推薦から協定校推薦に変更され、15学部各2名、最大で30名が推薦されることに。三輪田学園のための推薦基準があることから、三輪田学園生の入学を強く望む法政大の思いを感じます。協定校推薦を希望する生徒は連携講座の受講が必須ですが、法政大以外を志望する生徒も、すべてのプログラムに参加できます。

「文理を問わず多くの分野の知識を獲得でき、さらに様々な学びに触れるなかで、最適な進路を見つけられる。そんな高大連携を行っています。本校では、生徒が望む進路をかなえられるよう、しっかりとサポートしていきます。小学生のみなさん、三輪田学園で将来に向けて飛躍しませんか」と藤田先生が話されるように、生徒の思いを尊重しながら、きめ細かな指導を実践する三輪田学園です。

School Data

所在地　東京都千代田区九段北3-3-15
TEL　03-3263-7801
URL　https://www.miwada.ac.jp/
アクセス　JR中央・総武線ほか「市ヶ谷駅」徒歩7分、JR中央・総武線ほか「飯田橋駅」徒歩8分

◆入試説明会　要予約
11月25日（土）　10：00～11：30
12月24日（日）　10：00～11：15
　　　　　　　　13：30～14：15
1月13日（土）　10：30～11：30
※11月25日は5・6年生対象、それ以外は6年生対象。12月24日午後は動画配信のみ。

◆入試問題にチャレンジ　要予約
12月2日（土）　10：00～11：45
12月11日（月）　資料・動画配信
※6年生対象。

※情勢により変更の可能性があります。事前にHPでご確認ください。

＼英語教育／

生徒の英語力を確実に伸ばす 3つのグレード別授業

レベルに合わせた指導で個々の強みを伸ばす「グレード別英語授業」を実施する三輪田学園。入試時の英検取得級によって「英検準２級以上取得者」を対象とした「オナーズクラス」、「英検３級取得者、および、４級〈CSEスコア1000点以上〉取得者」向けの「アドバンストクラス」、前２クラスに該当しない生徒が基礎から学ぶ「スタンダードクラス」の３つに分かれます。

ネイティブ教員がかかわる授業時間数や使用する教科書などは異なりますが、いずれのクラスも英語の授業は週５時間です。そしてどのクラスでも意識しているのは、書く力を高めること。英検取得に向け一定数の単語を習得している生徒であっても、いざ書くとスペルミスをしてしまうことが多いといいます。そのため定期的に小テストを行うことで書く力を強化しています。習熟度に合わせてクラスを編成し、生徒の様子を丁寧に見守る授業は、１人ひとりを大切にする三輪田学園らしい教育といえるでしょう。

前述の通り３つのクラスに分かれますが、より高い級を取得していくことで進級時にクラスを変更することも可能です。スタンダードからアドバンストへ、そしてオナーズへとクラスを上がるための指導が展開されており、実際に現中３をみてみると、入学当初13人だったアドバンストクラスに、現在は37人が所属しています。

また、クラスの枠を取り払ったイングリッシュキャンプやディベート大会なども行い、生徒同士の教えあい、学びあいも促しています。切磋琢磨することで、三輪田学園生の英語力は今後さらに向上していくでしょう。

休み時間や放課後にネイティブ教員と交流できるイングリッシュラウンジもあります

＼探究活動／

興味関心を深めながら 表現力や主体性を身につける

近年新たに始まった取り組みとして、中２、中３で実施される、探究ゼミ「MIWADA-HUB」もあげられます。どちらも教科ごとに設定された９講座のなかから、前期・後期で１つずつ選択し、探究活動を行います。

その一部をお伝えすると、身近なことを手がかりに社会に目を向け、ニュース番組を作る「社会」、「※エシカル」をテーマにフィールドワークを重ねながら、人や環境に優しい生活をするためにはどうすべきかを考える「家庭科」、LEGOやブロックなどを制御し、プログラミングを学ぶ「情報」などがあります。講座の内容は、毎年、教員と生徒がともに作り上げていくため、すべてオリジナルです。

「MIWADA-HUB」の「家庭科」では、教室を飛び出して街でインタビューを実施

探究を進めていくなかで、自らの考えを表現する力や協働する力、課題発見力、創造力といった様々な力が磨かれ、主体性も養われていきます。

そうした力をさらに伸ばすべく、昨年度から高校で探究「MIWADA-LAB」も始まりました。自らテーマを設定し、教科の枠にとどまらない、より発展的な探究活動に挑戦することが可能です。探究の成果は、校内だけでなく外部のコンテストでも積極的に発信していきます。

中２から高３までの５年間の探究活動は、生徒の知的好奇心を刺激するとともに、自らの興味を深めながら大学やその先を考えるキャリア教育の側面も持っています。

生徒それぞれの個性を見出し、伸ばす教育を展開する三輪田学園。新しく始まった取り組みによって生徒の未来への可能性が大きく広がっています。

※多くの人が正しいと考える、人間が本来持つ良心から発生する社会的規範

「自立した女性の育成」をめざす

江《え》戸《ど》川《がわ》女《じょ》子《し》中学校

東京都 江戸川区 女子校　URL▶https://www.edojo.jp

江戸川女子中学・高等学校は、創立90周年を迎えた伝統ある女子校です。西洋のお城のようなエントランスに足を踏み入れると、生徒たちの明るい声が聞こえてきます。そのような環境のなか、「教養ある堅実な女性」「自立した女性」の育成をめざし伝統と革新を積み重ねています。

グローバル教育の充実

江戸川女子中学校（以下、江戸川女子）は、２０２１年度より「世界を舞台に活躍できる、真の国際人の育成」を目標に、「国際コース」をスタートしました。これまでの高校英語科や帰国子女の指導で蓄積してきたノウハウを活かし、さらなる英語力の向上と国際感覚の醸成をめざしています。

このコースでは、ネイティブ教員が副担任としてつき、日常的に英語でコミュニケーションをとりあいます。英語の授業は、中学入学時点での英語力に応じて、「Advanced Class」と「Standard Class」に分けて少人数授業を行っており、音楽と美術の授業は英語イマージョン教育を実施しています。２０２１年度入学生では、英検1級の合格者がでるなど、着実に力をつけています。グローバルスタディーズの授業では、日頃からグループ活動、探究、プレゼンテーションを行い、楽しく意欲的に学習に取り組んでいます。

一般コースと同様、情操教育の一環として茶道、箏曲、華道に取り組み、日本の伝統文化についての教養も身につけることができます。このような多彩な授業や研修を通じて、世界を舞台に活躍できる真の国際人を輩出していきます。

友だちとくつろぐ休み時間の様子

理科／実験の様子

江戸川女子のさらなる改革

「さらに上へと進化する江戸川女子」をめざし、さまざまな改革を進めています。

ＩＣＴの活用が進むなかで同校は、1人1台タブレット端末を持ちMicrosoft Teamsを活用しながら課題提出や連絡、教師・生徒間の情報共有を行っています。

また、江戸川女子では、1コマ45分授業を展開しています。45分授業と2コマ連続で行う90分授業を学習内容に応じて併用する「Hybrid Edojo教育」を導入し、短時間に集中して知識習得を図る授業と、理科の実験などじっくり考え学ぶ授業を織り交ぜながら、より深い学びへと導いていきます。

そして、今年度から、「デュアルディプロマプログラム」（希望者）を導入し、江戸川女子高等学校の卒業と同時に、アメリカの高校の卒業資格が取得できるオンラインプログラムを実施しています。

説明会日程

●学校説明会（要予約）
11月 4 日(土)
1 月13日(土)
各10:00～11:30

●入試問題説明会（要予約）
12月 2 日(土)14:00～15:30

●受験スタート説明会（要予約）
2 月17日(土)10:00～11:30

SCHOOL DATA

所在地	東京都江戸川区東小岩5-22-1
アクセス	JR総武線「小岩駅」徒歩10分、京成線「江戸川駅」徒歩15分
TEL	03-3659-1241

[タイアップ記事]

極意!! 面接試験の虎の巻

みなさんの志望校には、面接試験がありますか？　受験生だけでなく、保護者のかたも緊張していらっしゃるかもしれませんね。ですが、気をつけたいポイントをおさえておけば、心配はご無用です。面接試験に関する秘伝の術、とくとご覧に入れましょう。

コロナ禍を経たいま 中学入試の面接は？

中学入試における面接試験は、とくに女子校の上位校で多く採用されている傾向があります。コロナ禍の間は、オンライン形式を取り入れたり、記述形式で実施したりするなど、各校で対応が分かれました。

今年度の動向は、動きが多いので注意が必要です。2024年度入試は、学習院女子と横浜共立学園が「新型コロナウイルス感染症の流行が完全には収束していない」ことなどを理由に、面接を行わないと発表しました。一方で、女子学院と雙葉は面接の実施を公表。昨年から再開している桜蔭と合わせ、いわゆる女子御三家が面接を再開する予定です。

このほか、立教女学院が2024年度入試の面接実施を発表。2023年度入試までに再開していた頌栄女子学院、白百合学園、東洋英和女学院、日本女子大附属などと合わせて考えると、コロナ禍を経たいま、多くの女子校で対面での面接実施の流れが戻りつつあるといえます。

とはいえここ十数年で、今後の面接試験の取りやめを決定した学校もありました。

その理由は、受験生への負担を減らすためです。ほとんどの場合、受験生は複数校の受験を前提に入試のスケジュールを組んでいます。試験の日程はある程度かぎられた期間に集中しますので、学力試験に加えて面接試験があると、受験生への負担が増えることになります。

また、面接試験で時間的な制約を受けて、午後入試の受験がむずかしくなってしまう場合もあることがネックになったのです。

これらの点から、面接試験を取りやめる学校が増えている現状があります。

面接の有無はもちろんのこと、実施形式、結果をどの程度重視するかなども含めて、あらかじめよく確認しておくと安心でしょう。

面接は先生と 話せる貴重な機会

学校が面接試験を課す理由として、「受験生と直接話すことで、入学後の教育効果を高めたい」という思いがあります。多くの学校は、合否判定において面接試験を「参考程度」としており、受験生をふるいにかけるために実施しているわけではないことを、まずはお伝えしておきましょう。

面接の時間は短ければ5分程度、長くても15分程度です。人前で話すことが苦手なかたも、面接形式や質問内容を想定しておけば、対策はそれほどむずかしくありません。面接官の先生は、これまで多くの受験生や保護者を見てきていますから、みなさんの緊張しているようすにも理解をしめしてくれるはずです。対策を講じたうえで、自信を持って面接に挑みましょう。

面接形態

①個人面接

中学入試で最もポピュラーなのがこの形態です。時間は３～５分程度と短めのことが多いです。ただ、面接官１～２名に対して、受験生は自分ひとりでのぞむことになるので、不安や緊張を感じやすいかもしれません。ですが、入室方法やイスの座り方といった、基本をおさえて対応できれば心配はいりません。質問にも落ちついて、ハキハキと答えられるようにしましょう。

②グループ面接

受験生３～６名に対して、面接官２～５名で行われます。ひとりずつ順番に指名されて回答していく形式が一般的ですが、挙手制や討論形式で行われるケースもあります。いずれの場合も、ほかの受験生が回答している間は邪魔をせず静かにしっかりと耳を傾け、自分の順番がきてから話し始めるようにしてください。

実施のパターンと保護者面接について

面接試験の代表的な形式として、つぎの4方式があげられます。

- 受験生だけで行う個人面接
- 複数人で実施するグループ面接
- 受験生と保護者の面接
- 保護者だけの面接

保護者面接を受ける際は、「自分の受け答えで、子どもの合否が決まってしまったらどうしよう……」と心配に思われるかたもいらっしゃるかもしれません。

しかし、面接のできばえが合否に大きな影響を与えることは、実際にはそう多くありません。

学校は自分たちの教育理念を前もって伝えたり、各家庭の教育方針を聞いたりするために面接を行っているのです。

試験前にはぜひ、55ページにまとめた質問例も参考にしてください。「学校の印象」「志望理由」など、一般的な質問がほとんどです。

ただ、保護者面接では、願書の内容や事前に提出したアンケートに関連する質問をされることがあります。

このため、かならずコピーを取っておき、面接前におさらいをしておきましょう。書類は受験校ごとに整理しておけば、直前でもすぐに見られて安心です。

また保護者が参加する面接に関して、入試要項などに「保護者は1名でも可」とあるのは「2名の方がよい」という意味ではありません。この場合は文字どおり、1名だけの参加でかまいません。

パズルDE合格シリーズ

英単語パズル

英検3・4級レベル（小５～中１用）

全国書店・Amazonにて発売中

中学受験
小学校高学年
解ける！覚える！使える！
パズルDE合格シリーズ
英単語パズル
●1～17まで英単語で「しりとり」をしてみましょう。全部つなげられるかな？ 17から1にもどることができることにも気がついたかな。
必修化
小学校英語にも対応
問題発見・解決型パズル集
「合格アプローチ」編集部編
グローバル教育出版

『合格アプローチ』編集部編
A5判 128ページ　定価1,320円（税込）

小学校英語必修化に対応

楽しく学んで記憶できる
問題発見・解決型パズル

日本の教育が大きく変わっています。なかでも外国語教育は、小学校５～６年生で英語を正式教科にするほか、歌やゲームなどで英語に親しむ「外国語活動」の開始が３年生からになりました。大きな変革を迎えた大学入試でも実用的な英語の重要性は飛躍的に増しています。中学受験を行う私立中学校は、すでに英語入試を様々な形で採り入れ始めています。この本は、導入段階の小学生が、楽しく英単語を学べるようパズル形式を採用し、問題を解決することで記憶につながる工夫がなされた内容になっています。

株式会社 グローバル教育出版
東京都千代田区内神田２-４-２
一広グローバルビル３Ｆ
電話03-3253-5944
Fax 03-3253-5945
https://www.g-ap.com/

③受験生＆保護者

受験生と保護者１名ずつに対して、面接官は２～５名つくことが多いです。保護者の出席に関しては、学校からの指示がなければ１名の出席で問題ありません。この形態では、保護者と受験生とで、回答に大きな食いちがいがないように注意してください。事前に練習しておけると安心です。また、保護者のかたが焦って受験生への質問に答えてしまわないよう気をつけましょう。

4つの

④保護者のみ

面接官は１～２名で実施されることが一般的です。こちらも③と同じく、学校からの指示がなければ保護者は１名でかまいません。質問内容としては、おもに家庭の教育方針や、学校への理解度について問われます。受験生の面接と並行して行われることも多くあるため、それぞれが異なる回答をしてしまうことがないよう、前もって確認しておくことが大切です。

当日に向けて準備を進めよう

面接時にどんな服を着ていくかは多くのかたが迷うポイントだと思います。しかし学校は「受験生の印象が服装によって大きく左右されることはない」と明言しています。したがって清潔感があれば、お子さんがふだんから着慣れている格好でも、まったく問題はありません。

それでも、面接試験用に用意しておきたいという場合は、一般的な学校の制服に準じた格好をすればいいと思います。男子ならセーターにズボン、女子なら、ブレザーにスカートといった服装を選ぶ受験生が多いようです。

また、服装の確認と同時に行いたいのが、受け答えのシミュレーションをしておくことです。学校によって多少の差異はあるものの、面接試験では共通して聞かれやすい質問がいくつかあります。

多くの学校で聞かれるのが「志望理由」です。受験生も保護者も、その学校を志望する理由を、自分の言葉で伝えられるようにしておきましょう。志望理由は、事前に願書にも記載して学校へ提出していると思いますので、その内容と食いちがいがないよう注意してください。前項でもお伝えしたとおり、願書は提出前にコピーを取り、試験前に見直しておくとよいでしょう。

ただ本番では、事前に用意した回答を話すことばかりに固執してしまうのも、あまりよいとはいえません。質問例を見て「こう答えよう」と考えておくのはもちろん大切なのですが、面接は会話のキャッチボールです。相手の質問を最後までしっかり聞くようにする、問いかけにハキハキと答えるなどの、基本的なポイントはおさえておきましょう。

次ページの質問例からもわかるように、面接試験で聞かれることは、受験生のふだんの様子や、ご家庭の教育方針に関する内容がほとんどです。日ごろからご家族みんなでよく会話をしたり、自分の意見を話したりする習慣を身につけておくことも練習につながります。

また、話し方の癖には注意が必要です。語尾を伸ばすようなしゃべり方をしたり、くだけた言葉づかいをしたりするのは避けたいところです。ふだんから、友だちや保護者と話すときと、そのほかのおとなと話す場合とで、言葉づかいを改められるようにしておくとよいでしょう。きちんとした敬語を使う練習にもなります。

塾に通っているかたは、対策として模擬面接などの機会も設けられていると思います。本番と似た雰囲気のなかで練習することができますから、ぜひ活用しておきたいところです。模擬面接で指摘されたことをお子さんと保護者で共有し、さらに練習を重ねてみるのもおすすめです。

いざ本番！注意したいことは？

最後に、面接試験当日の動きについて確認しましょう。多くの場合、各校は控室を用意しています。控室では静かに自分の順番を待ちます。注意事項などがアナウンスされることもあるので、聞き逃さないよう注意してください。

試験会場となる部屋への入退室の流れは、学校ごとに異なります。しかし、基本的な流れや動作を覚えておけば、どんなパターンにも対応できるでしょう。

まず、入室時にドアが閉まっている場合は、2、3度ノックしてから入ります。部屋に入ったら軽く一礼して、イスの左側まで進んでください。もし、ドアがイスの右側に近い場合は、無理に左側まで行く必要はありません。ドアから近いほうに立って、面接官の指示を待ちましょう。

面接官から「座ってください」と指示があったら、イスに座ります。背もたれに背中がつかないように腰かけ、手はヒザの上に置きます。アゴを引いて背筋を伸ばせば、きちんとした印象になるでしょう。手足をぶらぶらさせたり、周囲をキョロキョロ見回したりすると、落ちつきがなく見えてしまいます。こういった癖がある場合は、注意しておきたいところです。

面接が終わったら、イスの左側に立って一礼します。そのあと、部屋をでる前に、ドアの前でもう一度礼をするのを忘れないようにしましょう。入室の際にドアが開いていた場合は、閉めていく必要はありません。

試験が終わって控室に戻ったら、これから面接を受ける受験生に配慮して落ちついて過ごします。面接の内容について話しあったり、教えあったりすることは禁物です。

緊張こそするでしょうが、面接試験はけっしてこわいものではありません。自分らしさをだせるよう、しっかり練習をしてのぞみましょう。

保護者への質問例

◎ 中高6カ年教育についてどうお考えですか。

◎ 志望理由をお聞かせください。

◎ 本校の印象を教えてください。

◎ 本校のことを、どのようにして知りましたか。

◎ 本校に以前来たことはありますか。

◎ なぜ中学受験をお考えになったのですか。

◎ 通学に要する時間（通学経路を含む）はどのくらいですか。

◎ お子さんの長所と短所をあげてください。

◎ お子さんをお育てになるうえで、ご家庭のなかでとくに留意されていることがあれば、具体的に教えてください。

◎ お子さんの性格について教えてください。

◎ ご家族共通の趣味はなにかありますか。

◎ 日ごろ、ご家庭でどんな話をしていますか。

◎ お子さんをほめるのはどんなときですか。

◎ ご家庭でお子さんはどんな役割を果たしていますか。

◎ ご家庭で決めているルールはなにかありますか。

◎ お子さんの特技はなんですか。

◎ 親子のコミュニケーションにおいて気をつけていることはありますか。

◎ お子さんの将来について、保護者としてのご希望はありますか。

◎ お子さんの小学校での出席状況はどうですか。

◎ お子さんの名前の由来はなんですか。

◎ 本校へのご要望はなにかありますか。

質問例をあげたよ
シミュレーションに
使ってね！

受験生への質問例

◎ 名前と受験番号を言ってください。

◎ 本校への志望理由を言ってください。

◎ 家から学校に来るまでの経路を簡単に説明してください。

◎ 本校に以前来たことはありますか。

◎ きょうの筆記試験はできましたか。

◎ すべての入試が終わったらなにがしたいですか。

◎ この学校に入学した場合、いちばんしたいことはなんですか。

◎ 新しいクラスメイトがいるとして、自己紹介をしてください。

◎ 長所と短所を教えてください。

◎ ピアノを習っているそうですが、好きな曲はなんですか（習いごとがある場合、それに合わせた質問になる）。

◎ いままでで、いちばんうれしかったこと、悲しかったことはなんですか。

◎ 小学校生活で最も心に残っていることはどんなことですか。

◎ 小学校で委員会活動をしていましたか。

◎ 最近、どんな本を読みましたか。

◎ 最近、どんなニュースが気になりましたか？

◎ 好きな科目と苦手な科目はなんですか。

◎ あなたが大切にしているものはなんですか。

◎ 将来の夢はなんですか。

◎ 地球に優しいことをなにかしたり、心がけたりしていることはありますか。

◎ おうちで、あなたが担当しているお手伝いはありますか。それはどんなことですか。

◎ おうちの料理で、なにがいちばん好きですか。

◎（面接の待ち時間に「絵本」を渡されていて）絵本を読んだ感想を教えてください。また、その絵本を知らない人に内容を紹介してください。

◎ タイムトラベルするとしたら、だれとどの時代に行きたいですか。

◎ いじめにあっている人がいるとします。そのときあなたはどうしますか。

◎ 本校のほかに受験している学校はありますか。

がんばるキミに知ってほしい

病気予防のポイント

いよいよ入試直前です。本番に向けて体調管理は万全にできていますか？　ここではインフルエンザをはじめ、まだまだ気をつけておきたい新型コロナウイルス感染症など、注意したい病気の種類やその予防法を確認していきます。

医療法人社団裕健会　神田クリニック理事長
馬渕 浩輔

インフルエンザ

インフルエンザの流行時期は、例年12～3月ごろでしたが、今年は早くも夏休み明けごろから「感染拡大」の傾向がみられていました。

ウイルスの型にはA型、B型、C型、新型といった種類があります。このうちC型は比較的軽症でおさまることが多いのですが、A型、B型、新型は大きな流行をもたらす傾向があり、注意が必要です。

インフルエンザと風邪の大きなちがいは、急激な発熱があるかどうかです。38度以上の高熱に加え、悪寒や関節痛といった全身症状が現れることも特徴としてあげられます。適切な治療をしないと1週間ほど熱がつづき、悪化すると合併症を引き起こすこともあるので、早期の対策が肝心です。

発症から受診まで

インフルエンザを疑う症状がでたときには、まずはあわてずに、電話などで医療機関に連絡を取るようにしましょう。すぐに病院を訪れるのではなく、電話で診察が可能かどうかを確認してから足を運ぶようにしてください。

ウイルスの潜伏期間は、おおよそ1日～4日程度といわれています。発症から48時間以内に抗インフルエンザ薬を投与すれば症状を大きく改善でき、熱も2～3日間で下がることがほとんどです。

たとえ発症から48時間以上が経ってしまったとしても、医師の診察はかならず受けるようにしてください。その時点で症状が重いようであれば、抗インフルエンザ薬が投与されることもあります。また、咳《せき》や関節痛を緩和するための治療も受けられるはずです。

熱がでて倦怠感があると、なかなかご飯を食べる気持ちが起きないかもしれません。しかし、消化にいいものを中心に、食事はしっかりとるようにしましょう。ご飯を食べず栄養が不足すると免疫力が低下し、ウイルスを追いだす力も弱くなってしまいます。

薬の種類について

抗インフルエンザ薬の代表例には①内服薬のゾフルーザ、タミフル、②吸入薬のリレンザ、イナビル、③点滴薬のラピアクタなどがあります。

ゾフルーザは「キャップ依存性エンドヌクレアーゼ阻害剤」と呼ばれる種類のもので、細胞内にウイルスが増えないようおさえる働きを持ちます。タミフル、リレンザ、イナビル、ラピアクタなどは「ノイラミニダーゼ阻害剤」という種類の抗ウイルス剤です。細胞内で増殖したウイルスが外にでるのをはばみ、まわりの細胞にまで感染が広がるのを防いでくれます。

内服薬のゾフルーザ、吸入薬のイナビル、点滴薬のラピアクタは1回の使用で治療が終了するので、早期の回復にも期待ができます。どの薬を使用するかは、医師とよく相談して決めるようにしてください。

なお、のどの痛みなどは市販薬でも和らげられますが、根本的な治療にはなりません。服用をつづけても症状が改善されないときは、医療機関を受診するようにしましょう。

症状がよくなっても安静に

インフルエンザは原則として、完治にいたるまで発症翌日から7日、解熱後から2日が必要です。抗インフルエンザ薬によってウイルスの数が減ったとしても、完全に治るまでは身体のなかにウイルスが残存しているのです。

不用意に外出すると、周囲にウイルスをまき散らしてしまう可能性があります。熱やそのほかの症状がおさまったとしても、しっかり完治するまでは、家のなかで安静に過ごすようにしましょう。

予防ワクチンはいつ接種する？

インフルエンザの予防に最も効果があるといわれているのが、ワクチンの接種です。接種から約2週間後に効果が現れ、有効期間は約5カ月にわたるとされています。

免疫力が低い13歳以下のお子さんに対しては、2回接種を行っています。ですから、中学受験を控えるお子さんがいるご家庭は、年内のできるだけ早いうちに1回目の接種を終え、年が明けてから2回目を接種すると安心です。

希望者が多くいるときには、ワクチンが不足する可能性もあります。予防接種を受けようと考えている方は、早めに医療機関へ確認するようにしましょう。

海外と同様に、現在は日本でも、4価（A型〈H1N1型・H3N2型〉、B型〈山形系統・ビクトリア系統〉）ワクチンが使われています。抗ウイルス薬に耐性があるインフルエンザウイルスも出現しているものの、4価のワクチンは流行する多くのウイルスの型に有効ですので、受験を迎える前に接種しておくことをおすすめします。

服薬でとくに注意したいこと

ロキソニンやアスピリンといった解熱剤は、脳症や脳炎などの副作用を引き起こす可能性があるため、インフルエンザのときは使用してはいけません。

解熱剤がどうしても必要なときは、自分の判断で服用せず、かならず医療機関を受診して医師と相談するようにしてください。アセトアミノフェン（カロナール）などの、インフルエンザでも服用することができる薬を処方してもらえます。

■学校見学説明会

第3回 10月21日（土）
第4回 11月 4日（土）
第5回 12月 2日（土）
14:00～15:30
※WEB予約制
※当日参加可（予約優先）

■2024年度入試日程

入試区分	第1回	第2回	第3回	第4回
試験日	1月10日（水）午前	1月12日（金）午前	1月16日（火）午前	2月6日（火）午前
募集人員	40名	25名	15名	若干名
試験科目	1科（算）、2科（算・国）、4科（算・国・理・社）の選択			

狭山ヶ丘高等学校付属中学校 〒358-0011 埼玉県入間市下藤沢981 TEL／04-2962-3844 FAX／04-2962-0656

アクセス 西武池袋線「武蔵藤沢駅」より徒歩13分

スクールバス 西武新宿線「入曽駅」より15分、「狭山市駅」より25分 JR川越線・東武東上線「川越駅」より40分、JR八高線「箱根ヶ崎駅」より20分

無料

風邪

　風邪とは、RSウイルスやアデノウイルス、ライノウイルスなどによって起きる感染症の総称です。おもな症状として、発熱、咳、痰《たん》、のどの痛み、鼻水、鼻づまりなどがあります。

　インフルエンザのように、専用の抗ウイルス薬はありません。早く治すには、食事（栄養）と睡眠をしっかりとることや、脱水症状を防ぐために、こまめな水分補給をすることが大切です。また、高熱がでることも、あまりありません。1週間以上症状がつづくときは別の病気にかかっている疑いもあります。病状が悪化する前に医療機関を受診するようにしましょう。

　なお、ここ数年の間、RSウイルスの流行傾向がつづいています。とくに小さなお子さんが感染すると重症化することもありますので、注意が必要です。中学受験をする年ごろのお子さんなら重症化のリスクは少ないですが、体温の急激な上昇やひどい咳の症状がみられる際は、医療機関に相談して治療を受けることも必要でしょう。

新型コロナウイルス感染症

　感染症法の位置づけが5類に移行してもなお、注意が必要です。インフルエンザや風邪と同じウイルス感染症ですので、同様の対策が効果を発揮します。肌かぶれの心配がない場合は、手や指さきのアルコール消毒も継続して行いましょう。

　ワクチンは乳幼児からでも打つことができます。今秋からは流行の型に対応するワクチンの接種も始まりました。ワクチンに関しては、さまざまなお考えがあるかと思いますが、感染予防効果に加え、重症化予防効果が期待されています。受験本番前に感染したり、後遺症で苦しんだりしないためにも、ご家族で積極的な接種を検討してみてください。

　また現在、鎮咳《ちんがい》薬や去痰《きょたん》剤などの内服薬の不足が大変な問題になっています。新型コロナウイルスなどに感染したあと、咳や痰が止まらず苦しまれている例も散見されますので、家庭の常備薬として確保しておくのも重要かと考えます。

「Withコロナ」の社会も徐々に姿を変えつつあります。いろいろな情報や意見に触れるなかで、心配に思うことがあった際には、まずは厚生労働省のホームページを確認するようにしましょう。

マイコプラズマ肺炎 百日咳

　乾いた咳が1～2週間つづくことが大きな特徴です。微熱が長引くことがあり、悪化すると髄膜炎《ずいまくえん》や肺炎を起こすこともあります。1週間以上症状が改善しないときは、ほかの病気と同様に、医療機関に連絡を取って受診の相談をしてください。

ウイルス性腸炎

　ウイルス性腸炎は、ノロウイルスやロタウイルス、アデノウイルスによって引き起こされ、感染すると、おう吐、腹痛、下痢などが症状として現れます。ウイルスは便器や水道の蛇口に付着しているほか、吐物のなかにも存在します。水まわりを清潔に保ったり、吐物を片づけるときは直接触らないようにしたりするなどの対策が有効です。

風邪を引いてもあわてないで

どの程度の症状なら、市販薬だけで対応していいですか。

軽い咳や鼻水、痰の症状があるくらいならば、市販薬で様子をみてもかまいません。ただ、薬の服用をつづけて2～3日経っても改善する傾向がみられないときは、医師の診察を受けるようにしましょう。

水分補給について目安を教えてください。

熱があるときは、少なくとも1日に1・5Lの水分をとるようにします。排尿回数が減ったり、尿の色が濃くなったりしている場合は脱水症状が疑われます。保護者のかたは、お子さんのようすを気にかけて、身体の状態をよく聞いてあげるようにしてください。

熱があるときは、お風呂に入らないほうがいいですよね？

37度程度の微熱でしたら、汗を

病気を予防するために日ごろ気をつけられること

風邪やインフルエンザは※飛沫感染します。学校や電車といった、人が密集する場所で感染することが多いので、以下の方法を参考にして対策を実践しましょう。

※咳やくしゃみで飛び散ったウイルスを吸いこみ感染すること

マスク

インフルエンザウイルスは乾燥を好みます。マスクをつけてのどや鼻のなかの湿度を上げることも、感染対策になります。ウイルスはとても小さいので、マスクの穴をとおり抜けることもありますが、まわりの人への飛散を防げます。

手洗い

外出先ではいろいろなものに触れる機会があると思います。指先に菌が付着するのを100%防ぐことはできませんので、家に帰ったらよく手洗いをしましょう。指や手のひらだけでなく、指のすきまやつけ根などもしっかり洗うことが大切です。

個別タオルの用意

ご家族でタオルを共有するのは避けた方が安心です。各自の専用タオルを用意する、使い捨てのペーパータオルを使用するなどして、家庭内での感染拡大を防止しましょう。

加　湿

のどや鼻の粘膜が乾燥すると、ウイルスを防ぐ身体の機能が低下します。空気が乾燥する時期は、加湿器を使ったり、水を張った器を用意したりするなどして、湿度を上げる工夫をしましょう。室内に洗濯物を干すことも効果的です。

うがい

手洗いとセットで習慣化しておきたいのが、うがいをすることです。ウイルスがのどから身体のなかに侵入するのを防いでくれます。市販のうがい薬（「イソジン」など）はもちろん、真水でもじゅうぶんな効果を得られます。

流し、身体を清潔にするためにも入浴して問題ありません。ただ、高熱のときは避けておく方が安心です。入浴する際は、あまり長時間におよばないようにしましょう。

病院の待合室で、ほかの病気にかかってしまうこともあると聞きました。感染を予防するために、患者側ができることはありますか。

これからのシーズン、小児科には多くの患者さんが来院します。いろいろな症状の人が来るので、その分、別の病気に感染する可能性も生じてきます。

高熱がでていたり、インフルエンザを疑う症状があったりするときは、身体の抵抗力も弱まっています。医療機関に連絡をして、どのような対策をして向かえばいいのかを相談してください。

また、診察までの待ち時間についても問いあわせをすれば確認できるはずです。対応は医療機関によってもさまざまですので、まずは受診の前に連絡を取ってみることをおすすめします。

開智望《のぞみ》中等教育学校の魅力【第4回】
少数精鋭だから圧倒的に伸びる6年間。
国際バカロレアMYP認定校・DP候補校

開智望中等教育学校（以下、開智望）では、次の世代でグローバルに活躍する人材となる受験生を募集します。自分の強みや専門分野に合わせて個々の力を発揮できる、開智望の特色ある多様な入試についてご紹介します。

探究と国際バカロレアを融合した最新の教育

開智望の教育の特色は、開智学園が20年以上前から行っている「探究学習」と「難関大学進学教育」に、国際バカロレアの教育を融合した21世紀型教育を推進していることです。未来の学力といわれる創造力や思考力、コミュニケーション力を育成するために、授業やフィールドワークを舞台に探究を行います。この探究では、疑問発見、仮説設定、調査や観察、実験、仮説の検証や証明、そして自分たちで考察するという「探究のサイクル」を重視しています。

大学入学共通テストに出題されるようになった、実社会と関連した問題などにも対応できるよう、教科の内容を自分達の生活や文脈に基づいて理解したり、教科と教科を関連させながら学習する教科横断型学習を展開したりしているのも開智望の魅力の１つです。日々の学びにつながりと実感を持つことで、知識や技能など基礎的な面だけでなく、それを活用したり新しい考えに発展させたりすることができるようになります。

縦50m×横50mの大体育館

難関大学進学教育にも注力

開智望では、大学受験で通用する学力、さらにその先の人生の礎になる学びの力を獲得することをめざしています。そのなかでも特に力を注いでいるのが、英語学習です。卒業までの6年間で生徒は、授業、講習、家庭学習で２５００時間以上英語を学びます。そのほかに、国内外での英語キャンプや、英検・ＴＯＥＦＬなどの対策も実施します。

また、開智系列校が築き上げてきた難関大学志望者向けの「進学特別講座」も実施する予定です。この講座は、高校2年生、3年生を対象としたもので、授業とは別に放課後2時間から3時間、毎日無料で行うものです。系列校ではほとんどの生徒が予備校に行かず、東京大学をはじめとした難関大学に合格しています。開智望ではこのような系列校の経験と蓄積を存分に活用し、生徒の夢を応援します。

一方、国際バカロレアのディプロマ・プログラム（DP）の生徒は、より探究的でアカデミックな学習を通じ、グロー

自分で考え、発表する

バルに活躍するための力を身につけていきます。ＤＰの学びは、自分で考え、調査したことをレポートにまとめたり、ディスカッションしたりするものです。これによって、思考し、想像し、実行する力と経験が得られます。これらの学びを通して、世界の難関大学に進学することが期待されています。

多様な入試形式だから力が発揮できる

開智望では、受験生の個性や得意分野での力が発揮できるように、多様な入試形式を準備しています。

【専願型入試（2科）】12月9日（土）

開智望を第１志望とする受験生を対象とした入試です。基本的な学力を重視した試験で、受験科目は国語（50分）、算数（60分）で実施します。また面接によって、在校生とともに学びを深めていくのに十分な学力があるかどうかを判定します。

生徒中心で作り上げる体育祭

【適性検査型入試】12月16日（土）

作文や長文読解など、思考力や表現力を問う、茨城県の公立中高一貫校の入試形式に沿った試験です。試験後には解説を含む入試対策会の開催も予定しています。

【開智併願入試（4科）】1月15日（月）

開智併願入試では、開智望のほかに開智中、開智未来、開智所沢を受験することができます。出題されるのは開智中の入試問題と同様の内容です。一度の入試で4校の合否判定が行われるほか、開智中、開智望のキャンパスを含む複数の会場で受験することができます。

【一般入試（2・4科）】1月17日（水）

中学受験に向けて学習する一般的な学力を問う入試です。国語、算数による2科目受験か、国語、算数、理科、社会による4科目受験のどちらかを選択することができます。国語は１００点、算数は１２０点満点で、理科と社会にはそれぞれ60点分の配点があります。そのほか、問題の形式などは開智望や系列校の過去問が参考になります。

【日本橋併願入試（2・4科）】2月4日（日）

日本橋併願入試では、開智望のほかに開智日本橋学園、開智中、開智未来、開智所沢を受験することができます。出題されるのは開智日本橋学園の入試問題と同様の内容です。一度の入試で5校の合否判定が行われるほか、開智望、開智日本橋学園のキャンパスを含む複数の会場で受験することができます。

仲間と共に学び合い、高め合う６年間

【帰国生入試】11月23日（木・祝）

帰国生やインターナショナルスクール生などを対象とした入試です。英語のエッセイと国語・算数の基本的な内容が出題されます。希望すれば開智望だけでなく、開智日本橋学園、開智中、開智所沢の合否を判定することができます。帰国生は開智日本橋学園、インターナショナル生は開智望が試験会場です。

何回受験しても受験料は2万円

複数回実施される開智望の入試は、すべての入試を受験した場合でも受験料は2万円です。また、開智中や開智日本橋学園、開智未来などの入試をすべて受験した場合でも追加の費用は不要と非常に魅力的な制度になっています。これまでには、系列校を含め10回以上受験した受験生もいるとのこと。開智望は受験生の皆さんが１００％の実力を発揮できるように、多様な入試を用意しています。自分に合った入試を受験し、合格できるチャンスが多くあることが大きな魅力です。

入試問題ガイダンス

11月4日（土）
入試問題ガイダンス（専願）
11月12日（日）
入試問題ガイダンス（適性検査型）
12月24日（日）
適性検査型入試対策会

開智望中等教育学校
（共学校）
〒300-2435
茨城県つくばみらい市筒戸字諏訪3400番
TEL 0297－38－8220
s-promotion@kaichinozomi.ed.jp
関東鉄道常総線「新守谷駅」きずな橋より徒歩１分

6年一貫の（仮称）開智所沢中等教育学校【第3回】

「学び合う＝高め合う！」開智所沢のチームワークは抜群!!

小規模な30人編成のクラスで未来を見据えた先端的な授業

開智所沢中等教育学校（以下、開智所沢）では、未来を見据えた最先端の授業を実践するために、クラスを小規模な30人編成にします。先端的な学びを実践する最新の設備・施設をそなえた新校舎で、生徒が自ら考え、友達と考え合い、ディスカッションし、「なぜ」を追求し、様々な疑問や課題を解決していく探究的な授業に取り組みます。

さらに生徒自らが実験、観察、調査を基に学ぶ体験型探究授業など、最先端の学びを推進し、探究力、創造力、発信力、コミュニケーション力を伸ばしていきます。

同じ志をもった仲間と深める学び ～開智所沢のコース・クラス編成～

1年（中1）から4年（高1）では、生徒の学力、学習歴、教科の適性等によって、「特待コース（3クラス）」と「レギュラーコース（5クラス）」を編成します（下表参照）。

3年（中3）進級時には、習熟度によって全てのコースとクラスを再編成します。

さらに、5・6年（高2・高3）の2年間は、大学の志望学部に合わせて編成したコースにわかれて、それぞれに対応する力を身につけることをめざします。

■開智所沢のコース・クラス編成　1年（中1）～4年（高1）

特待コース			レギュラーコース
理系	医系	文系（国際系）	
数学や理科、テクノロジーが得意な生徒向きのコース。理数教科はハイレベルな内容も扱う。	医師や歯科医師、獣医、薬剤師など、医療従事者を目指すコース。医療の基礎となる課題に取り組む。	社会や国語が得意な生徒や英語が得意な生徒向けのコース。海外大学への進学も視野に英語力を磨く。	生徒の適性や個性を尊重しながら5クラスを編成。自分の「得意」や「好き」を発見し、その力を伸ばす。

新しい自分をみつけよう！ ～スキルアップ合宿～

スキルアップ合宿は、次ページの表に示したように学年に応じたさまざまな活動を行います。それぞれの合宿に共通する目的は「発見」と「成長」です。たとえば、仲間と協力しながらグループワークをする場面では、自分1人では気づけなかった新しい学びのスタイルを「発見」できます。ほかにも、学校現場では経験できない活動をやり抜くことで、新たな自分を「発見」することにもなるでしょう。

この合宿では、通常の学校生活とは異なる環境に身を置くことになるため、生徒にとっては「いつものやり方」が通用しない場面が多くあります。しかし、仲間とともに果敢にチャレンジし、それを乗り越えることができれば、自信がつき、大きく「成長」できるのです。

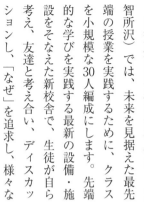

■スキルアップ合宿（予定）

※1年生で行うチームビルディングキャンプは令和7年度より実施（令和6年度入学生は校内で実施）。

1年	チームビルディングキャンプ	入学直後にホテルに宿泊。仲間づくりをするだけでなく、入学前の課題として制作した作品や探究の成果を発表する場でもある。2年生と合同実施。
2年	チームビルディングキャンプ	新入生である1年生をゲストとして位置付け、生徒主体で合宿を運営。探究発表会では先輩として1年生にアドバイスをする。
3年	課題解決型合宿	仲間と協力して未履修の課題に挑戦。自らの学習方法などについて見つめ直す良い機会になる。
4年	進路選択合宿	夏期講習のまとめとして行う合宿。自身の得意・不得意を再確認し、進路選択の参考にする。
5年	受験スタート合宿	夏休みに行う合宿。学ぶ科目、時間配分、学び方を自分で計画し、独習力や集中力、継続力を養う。
6年	志望大学対策合宿	グループワーク、ペアワーク、独習など多様な学習方法で受験に必要な学力を磨く。

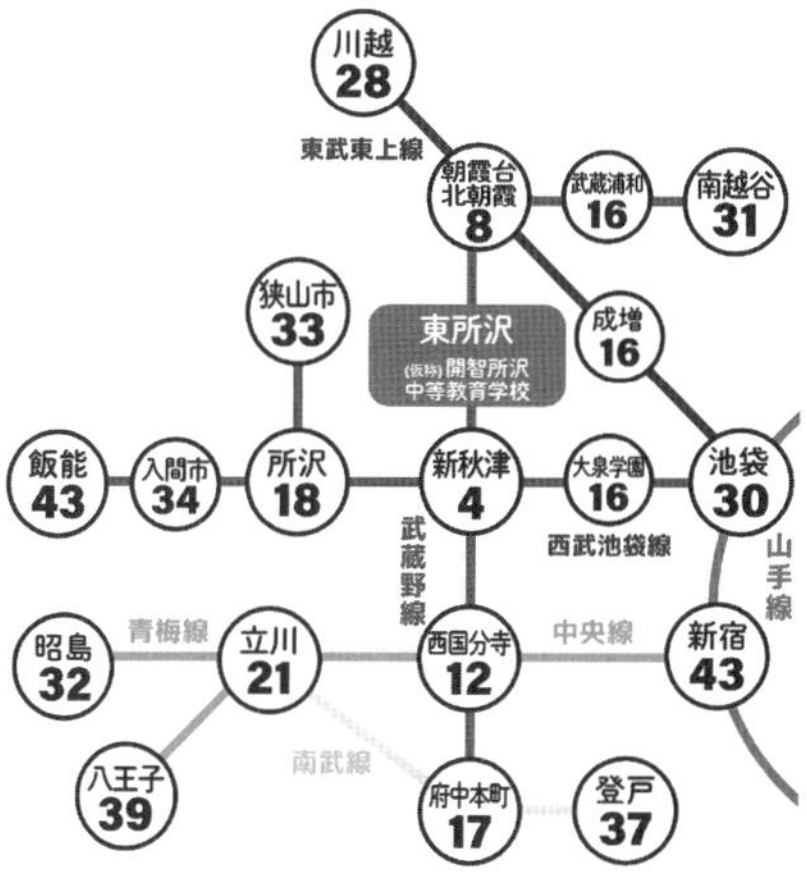

数字は「東所沢」までの所要時間です。乗り換え時間は含みません。（単位：分）

1時間以内の通学圏は、神奈川北部、東京西部、埼玉南部全域

開智所沢は、JR武蔵野線東所沢駅から徒歩12分の場所に開校します。南は登戸、西は八王子、北は川越、東は池袋・越谷からであれば、それぞれ1時間以内に通学できます。第1志望者はもちろん、併願受験者にとっても受験校として最適であると評判です。

入試問題は岩槻にある開智中学校と同一内容で、希望すれば開智所沢と開智中学校の同時合否判定が可能です。さらに受験料は開智グループのどの学校を何度受験しても一律2万円なので、開智日本橋学園中学校を希望する受験生も、ぜひ出願を検討されてみてはいかがでしょうか。

■2024年度入試日程および会場

募集定員240名（共学）【帰国生入試】11月23日（木・祝）

第1回入試	特待A入試	特待B入試
1/10（水）AM	1/11（木）AM	1/12（金）AM
ところざわサクラタウン さいたまスーパーアリーナ マークグランドホテル 開智中学校	ところざわサクラタウン さいたまスーパーアリーナ 川口市民ホールフレンディア 開智中学校	ところざわサクラタウン 大宮ソニックシティ 開智中学校
算数特待入試	**第2回入試**	**日本橋併願入試**
1/12（金）PM	1/15（月）AM	2/4（日）AM
ところざわサクラタウン 大宮ソニックシティ 開智中学校	ところざわサクラタウン 川口市民ホールフレンディア 開智中学校 開智望中等教育学校	秋草学園福祉教育専門学校 大宮ソニックシティ 開智日本橋学園中学校 開智望中等教育学校

（仮称）開智所沢中等教育学校（共学校）

〒359-0027
埼玉県所沢市大字松郷169
TEL：03−6661−1551（〜令和6年3月／準備室）
HP：https://tokorozawa.kaichigakuen.ed.jp/secondary/
Mail：sec-tokorozawa@kaichigakuen.ed.jp
アクセス：JR武蔵野線「東所沢駅」徒歩12分

学校説明会のご案内（要予約）

●11月12日（日）午前・午後
●12月16日（土）午後
【会場】ところざわサクラタウン

※詳細はHPをご参照ください

【タイアップ記事】

教育理念「知耕実学」を表す新校舎「実学の杜」を建設中！

東《とう》京《きょう》農《のう》業《ぎょう》大《だい》学《がく》第《だい》一《いち》高等学校中等部

新スローガンに「共創し、新たなステージへ」を掲げ、「共に活動する」「刺激しあう」活動を促進する東京農業大学第一高等学校中等部。新たな校舎の建設と将来を見据えた様々な教育改革が進行中です。

School Data〈共学校〉

所在地：東京都世田谷区桜３丁目33番１号

アクセス：小田急線「経堂駅」・東急世田谷線「上町駅」徒歩15分、東急田園都市線「桜新町駅」「用賀駅」徒歩20分

TEL：03-3425-4481　**URL**：https://www.nodai-1-h.ed.jp/

入試対策説明会

12月10日(日)10:00/14:00

要予約。詳細は学校HPでご確認ください。

2024年度入試日程

第1回	2月1日(木)午後
第2回	2月2日(金)午後
第3回	2月4日(日)午前

学校生活を楽しめる「芸術棟」と「理科棟」

東京農業大学第一高等学校中等部（以下、農大一中）では、新校舎の建設工事をⅠ期とⅡ期に分け、通常の授業や部活動に支障がないように実施しています。Ⅰ期は２０２３年冬に完成予定で、１Ｆには生徒たちが自由に使える自習室やラーニングコモンズが設置されます。

「現在の1号館（ＨＲ教室）にも生徒たちが集まって課題を行ったり、語りあったりするスペースがあるのですが、新校舎にもこのようなスペースを設け、パーテーションやプロジェクターなども完備し、小さな発表会や少人数でのゼミ活動などができるようさらに充実した作りにしました」と教頭の紙谷知行先生。２Ｆは「アートエリア」、３Ｆは「テクノロジーエリア」と称し、実技教科の専用教室を完備します。農大一中は芸術教科も主要教科と同様に大切にしており、生徒や国内外で活躍する卒業生の作品を展示するスペースを整備し、さながら美術館のなかに教室があるような「芸術棟」になります。

Ⅱ期では３Ｆに理科の実験室（ラボ）と展示スペースの「サイエンスエリア」、２Ｆは各教科の研究室が入り、生徒が気軽に質問したり、生徒と教科の先生が語りあう「コラボレーションエリア」、１Ｆは通路と階段を兼ねた大きな図書館のある「ライブラリエリア」、そして地下１Ｆには講堂とそこに続く階段をプレゼンテーションの場にした「ホールエリア」が完成します。こちらは博物館や実験室のなかに教室があるような「理科棟」となります。

「コロナ禍の期間、学校という場の意義を考えました。人が集まるスペースだからこそ、互いに考え行動できる場所、人と人が化学反応を起こし成長できる場所であるべきだと再認識しました」（紙谷教頭先生）

２０２５年にはそれぞれ実学環境が充実し、大きな学びの杜のような校舎「実学の杜」が完成する予定です。

「一中一高ゼミ」を飛び出し積極的に外部コンテストへ

農大一中の教育のなかでも特徴的なプログラムが放課後に実施する学年・教科横断型の「一中一高ゼミ」。「知を広げる・知を深める」をテーマに教員自ら率先して得意分野の講座を開講していて、その講座は多種多様で、放課後をうまくやりくりしな

「実学の杜」として2025年に完成予定の全体図

実験結果や標本など博物館のような展示スペース

校内で実験し廃棄野菜から色素を取り出して作ったペンを来校者に解説

自分の興味のあるテーマを約２年間研究して行う課題研究発表

がら多くの生徒が参加しています。

２０２１年にはこの「一中一高ゼミ」の研究内容をもっと広く校外にも発信しようと「ＳＤＧｓ研究会」という部署を立ち上げ、専門の教員が様々な外部コンテストの情報を発信、サポートを行っています。その成果もあり、これまで「全日本高校模擬国連大会」に出場し活躍したほか、「リアビズ高校生模擬起業グランプリ」の全国大会に出場し一昨年は「エミューオイルを利用したフェイスパック」、昨年は「廃棄野菜から色素を取り出したマーカー」をそれぞれ制作・販売し賞を受賞するなど活躍しています。

また昨年から現役中高生が自分たちの学校の説明会を企画しＷｅｂ上で発表する「学校ＰＲ部」という団体に参加し、運営にも携わりながら３月に説明会を開催しました。紙谷教頭先生は「説明会のなかに『思った以上に勉強、思った以上に農業（自然に触れる）』というフレーズがあり、本校の教育内容をよく言い表している」と感心します。

これら以外にも東京農業大学教授の協力を受け、昆虫をフリーズドライにしてクッキーにした昆虫食や中高生で社会課題に挑戦する外部団体でリーダー的なコアメンバーを務める生徒など、一中一高ゼミを飛び出し、積極的に校外へ出向いて自分たちの可能性を広げています。

２０２５年に高校募集停止

教育改革の一環として２０２５年より併設高校の募集を停止する予定です。これにより完全中高一貫校となり、６年間をそれぞれ２年ずつ３つのステージに分けたカリキュラムやシラバスで生徒の夢の実現をサポートしていきます。課題研究の取り組みを長いスパンで行い、宿泊行事の意義やタイミングなどもさらにブラッシュアップしていく予定です。

「生徒には考えることは楽しいことなんだとよく言っています。本を読んでいるとき、この先どうなるんだろう？　部活の練習をしているとき、どうやったら上手くなるだろう？　などと色々考えますよね。その瞬間が一番楽しい時間なんです。本校には考えるための仕掛けがいたるところにあります。ぜひ本校で宝探しのようにその仕掛け探しを一緒に楽しみましょう」（紙谷教頭先生）

新たな教育改革が注目される農大一中。今後ますます目の離せない学校の１つです。

グローバル教育出版の本

子どもたちの学びを促す魔法の書

12歳までに必要な学力

淡路《あわじ》 雅夫《まさお》／著
（淡路 子育て支援教育研究所主宰）

幼稚園、保育園に通うお子さんを持つご父母へ。
また、小学校に通う子どもを持つ保護者の方へ。
中学校に上がる前に育んでおきたい資質と
身につけておきたい学力について、
子育てのベテランがつづった
「子どもたちの学びを促す魔法の書」です。

12歳までに必要な学力
淡路雅夫 著
Masao Awaji
園児や小学生に必要な資質
それは
気づき、考え、行動する力
グローバル教育出版

内容紹介

第１章　子育ては、社会の変化を理解して
第２章　幼児教育の意味と、子どもの人生の土台づくり
第３章　子どもにとっての小学校生活の意味
第４章　私立中学受験を考える時
第５章　キャリア教育としての子育てを
まとめにかえて
「新型コロナウイルス問題」が教えたこと
【資 料】 パネルディスカッション
幼児教育者が考える『子どもの面倒見』について

四六判並製 192ページ
定価　1,320円（税込）
ISBN978-4-86512-202-2

現代の子育ては、社会や家庭の『面倒見』が進んで親が一生懸命になり過ぎ、かえって「子育て不安」を助長しています。とくに、子どもの主体性や自律心を伸ばすためには、幼児期の指導が重要になります。幼児教育が、人生の土台づくりになるからです。幼児教育者とのパネルディスカッションの中に、面倒見のヒントがたくさん提示されています。――― 著者

ご購入は　https://www.g-ap.com

グローバル教育出版
〒101-0047 東京都千代田区内神田 2-4-2 一広グローバルビル３階　電話 03-3253-5944　FAX03-3253-5945

「合格カレンダー」で出願パターンを確認しよう！

第１志望校合格には事前準備が必須！

いよいよ入試本番です。お子さんが安心して入試にのぞめるように、しっかりと準備をしておきましょう。そこでおすすめしたいのが「合格カレンダー」の作成です。最近は、入試前日や入試当日にもネット出願できる学校が増えてきており、多くの学校が入試当日の夜にネットで合格発表を行うため、多様な出願パターンが組めるようになっています。

たとえば、2月1日の午前と午後に入試を受け、その結果をみて2日の出願校を決めるパターンです。この場合、2日に受験する可能性のある複数校の出願締切時間などをしっかりと把握しておかなければ、プランどおりの出願ができなくなる場合も考えられます。また、1日、2日に合格した学校の入学手続きの締切日などの確認も大変重要になってきます。

事前準備の不足により、プランどおりの出願や入学手続きができなければ、これまでのお子さんのがんばりが水の泡となってしまうかもしれません。そうならないためにも家族全員が協力して「合格カレンダー」を作成し、入試にのぞみましょう。

インターネット出願時の注意点を再確認しよう

ネット出願時の注意点をいくつかあげておきます。

1．各校の出願サイトで登録が必要。事前にユーザーIDとパスワードを用意しておきましょう。登録したユーザーIDとパスワードは、絶対に忘れないように。

2．受験生の出願用顔写真データが必要。どんな写真が必要か事前にチェックし、準備しておきましょう。

3．受験料の支払い方法（クレジットカード、金融機関ATM、コンビニなど）を確認しておきましょう。とくに出願日が土日の場合は注意が必要です。

4．出願書類にはかならず受験生の名前を入力。保護者の名前を入力することのないように。

5．ネット出願の場合、「受験票」をプリントアウトして入試日に持参する場合がほとんど。ご家庭のプリンターの設定も確認しておいてください。

ネット出願では、学校ごとにちがったシステムを採用している場合がありますので、受験予定の学校ホームページでかならず事前に確認してください。

書きこむべきおもなことがら

- 「**出願**」…ネット出願の注意点。だれが実行するか。出願パターンの確認。
- 「**受験料**」…金額。支払い方法。
- 「**入試当日**」…集合・解散時間。持参するもの（昼食など）。だれが同行するか。入試解散後の待ちあわせ場所。午後入試の準備など。
- 「**交通手段**」…通常の交通手段と非常時の交通手段（車を使用するかなど）。
- 「**面接**」…有無。受験生本人のみか、保護者同伴か。集合時間。
- 「**合格発表**」…日・時間、ネット発表時刻。校内発表の有無。
- 「**入学手続き**」…締切日・時刻、納入金の金額と納入方法。入学手続きに必要なもの。
- 「**入学辞退**」…入学辞退できる期限。返金額の有無。
- 「**延納**」…有無と延納額および申し出期限。
- 「**登校日**」…日時。指定された日に登校しないと入学を辞退したとみなされる場合があるので注意。当日持参するものなどを確認。

各校の要項をよく見て書きこもう！（実際には左ページを拡大して書きこみます）

記入例 2024年 合格カレンダー（受験予定表）

志望校	A校	B校 （午後入試）	C校 （第一志望校）	D校	E校 （チャレンジ校）
学校最寄駅 学校電話番号	安全駅 045-＊＊＊＊＊＊	合格駅 03-＊＊＊＊＊＊＊	希望駅 045-＊＊＊＊＊＊	未来駅 03-＊＊＊＊＊＊＊	挑戦駅 045-＊＊＊＊＊＊
出願期間	1月6日 10時から 1月31日 12時まで	1月6日 10時から 2月1日 13時まで	1月9日 8時から 2月1日 23時まで	1月5日 10時から 2月1日 23時まで	1月9日 9時から 2月2日 23時まで
出願日および 出願パターン	1月6日ネット出願 担当：父 受験料 22,000円	1月6日ネット出願 担当：父 受験料 25,000円	《2月1日 23時までにネット出願：受験料25,000円》 ①B校に合格⇒C校へ出願 ②A校のみ合格またはいずれも不合格⇒D校へ出願		①合格校がある場合⇒出願 ②合格校がない場合⇒合格見こみの高い他校に出願
月 日( )					
2月1日(木)	集合 8時00分(母同行) 面接なし 解散 12時30分 ネット合格発表 19時00分	集合 15時30分(母同行) ネット合格発表 20時00分			
2月2日(金)			集合 8時30分(母同行) ネット合格発表 19時00分	集合 8時30分(母同行) ネット合格発表 22時00分	
2月3日(土)		〈入学手続〉 C校の結果次第で15時までに納入金25万円を振込	〈入学手続〉 23時59分までに納入金25万円を振り込むこと		集合 8時30分(父同行) ネット合格発表 22時00分
2月4日(日)	〈入学手続〉 B／C／D校の結果次第で15時までに納入金45万を振込			〈入学手続〉 15時までに納入金25万円を振込	〈入学手続〉 15時までに入学手続
2月5日(月)					
2月6日(火)					
2月11日(日)	入学者対象説明会 13時集合	入学者対象説明会 10時集合	入学者対象説明会 10時集合		
チェック ポイント 〈備考欄〉	※午後入試のための弁当を持参する ※受験票を印刷し、試験当日にかならず持参する	※出願時に入学辞退期限をかならず確認すること	※1日の合否結果で出願校が異なってくるので、全員でネット出願時のチェックをすること ※C校・D校ともに、受験料は25,000円		※2日までの結果で受験校が決定。4日入試も視野に入れて事前にいろいろな出願パターンを想定しておくこと

※カレンダーには、〈ネット出願〉時の注意事項、〈試験当日〉の集合時刻と終了予定時刻、持参するもの、〈面接〉の有無・集合時間、〈合格発表〉の時刻・方法、〈入学手続締切〉の時刻・納入方法、金額（延納の有無・方法）、入学納入金の返金制度がある場合には、入学辞退の申し出期限、入学手続き後の入学前登校日などを書きこんでください。

※実際にご活用いただく際には、左のページをB4サイズに拡大したうえで何枚かを複写してご使用ください。

2024年　合格カレンダー（受験予定表）

志望校					
学校最寄駅 学校電話番号					
出願期間	月　日　時から 月　日　時まで	月　日　時から 月　日　時まで	月　日　時から 月　日　時まで	月　日　時から 月　日　時まで	月　日　時から 月　日　時まで
出願日および 出願パターン					
月　日(　)					
月　日(　)					
月　日(　)					
月　日(　)					
月　日(　)					
月　日(　)					
月　日(　)					
月　日(　)					
チェック ポイント 〈備考欄〉					

※カレンダーには、〈ネット出願〉時の注意事項、〈試験当日〉の集合時刻と終了予定時刻、持参するもの、〈面接〉の有無・集合時間、〈合格発表〉の時刻・方法、〈入学手続締切〉の時刻・納入方法、金額（延納の有無・方法）、入学納入金の返金制度がある場合には、入学辞退の申し出期限、入学手続き後の入学前登校日などを書きこんでください。

※実際にご活用いただく際には、このページをB4サイズに拡大したうえで何枚かを複写してご使用ください。

みんな悩んでいる 受験生と保護者が抱く16のギモン

入試が近づいてくると、「この場合はどうしたら?」「あれはどんな意味だっけ?」とさまざまなギモンがでてくると思います。そんなみなさんの不安を少しでも減らしたいと、このコーナーを用意しました。

Q1 早寝早起きの生活に変えておく必要はありますか。

夜の方が勉強がはかどって、ついつい夜更かしをしてしまい、朝は登校時間ぎりぎりまで寝ている、というかたもいるでしょう。

しかし、やはり「朝型」に移行しておくことをおすすめします。「夜型」の生活に慣れてしまうと、試験当日の早起きに脳が適応できず、本領を発揮できないかもしれませんよ。

人間の脳が、活動し始めるまでには、目を覚ましてから3時間ほどかかるといわれています。入試当日、何時に起きるかは試験開始時間から逆算して決めましょう。

冬期講習が始まるころまでには、早寝早起きの習慣を身につけておきたいですね。

Q2 出題傾向や入試制度の変更はいつわかりますか。

出題傾向に変更があるかどうかは、残念ながら試験当日、試験を受けてみないとわかりません。

もし傾向が大きく変わっていたとしても、まずは落ちついてください。「どうしよう!?」とあわててしまうかもしれませんが、驚いているのはまわりの受験生も同じです。いつもどおりに、できる問題から解いていきましょう。

なお、入試制度の変更点などは、できるだけ早い段階で受験生に伝えられるよう、各校が対応しています。なかでも科目数が変わるといった大きな変更は、1年以上前に発表されることがほとんどです。

算数1科入試や英検利用入試などの新しい入試制度を設ける学校も増えているので、自分の得意分野をいかせる入試制度があれば、チャレンジしてもいいですね。

Q3 第1志望校を何度も受けてもいいですか？

難関校の場合は、1回しか受験チャンスがないこともありますが、多くの学校が2回以上入試を行っています。さらに複数回受験することによって優遇措置を設けている学校も。第1志望校に複数回の受験チャンスがあるのならば、諦めずに挑戦しましょう。

なかには第1志望校の合格を手にするために、他校での「試し受験」を考えているご家庭もあるかもしれませんね。これは東京・神奈川の受験生が、1月に実施される千葉・埼玉の学校を受けるというものです。本命校の前に、場慣れや腕試しをできることからメリットが大きいのですが、不合格になってしまうと、かえって自信をなくしてしまいかねません。よく考えてから受けることをおすすめします。とくに近年は、入学を前提として受験する人も増えており、難度が上がっている学校もありますので、注意が必要です。

Q4 合格有望校を受験するべきでしょうか。

合格有望校は合格可能性が高い学校のことですね。そこで合格を手にすることができたならば、気持ちに余裕を持って第1志望校にのぞむことができるはずです。するとそれがいい結果を引き寄せることにもつながるのではないでしょうか。

受験生は合格をめざし、一生懸命に受験勉強に取り組んでいます。チャレンジ校のみを受けて、もし残念な結果ばかりになってしまったら、どうしても気が滅入ってしまいます。

たとえ第1志望校で思いどおりの結果を得られなかったとしても、他校で合格を手にしていたら、それが自信となります。地元の公立中学校に進むことになっても、前向きな姿勢で学校生活を送れると思います。

これらの理由から、合格有望校はぜひ受験校に組み入れていただきたいと思います。

Q5 午後入試のメリットはなんですか。

午後入試を取り入れることで、午前と午後、1日に2校を受験することができます。かぎられた日程のなかで、より多くの学校の入試を受けられることから、利点が大きいように感じられます。

しかし、午後にも入試があると、受験生の負担は増え、午後には疲れがでてきます。試験に対する緊張や不安はもちろん、乗り慣れていない公共交通機関を使っての移動も、受験生には負担です。

また、どちらの学校も試験当日に合格発表が行われ、2校とも残念な結果になってしまった場合の、受験生の精神面も心配です。

午後入試のメリットとデメリット、どちらも理解したうえで、お子さんの性格と体力を考慮し、本人と話しあって、決めることをおすすめします。

Q6 100点をめざして過去問に取り組んでいます。

さきに結論をお伝えすると、満点は必要ありません。ほとんどの学校の合格ラインは6、7割ほどに設定されています。

入試問題は受験生の学力をはかることを目的に、やさしくなりすぎないように、同時にむずかしくなりすぎないようにつくられています。

合格のために大切なのは、まわりの受験生みんなが解ける問題をとりこぼさないことです。そのため、苦手分野の問題でも、基本的な問題は解けるようにしておきたいところです。そして得意分野ではどんどん得点を伸ばしていきましょう。合否は総合点で決まります。着実に点数を積み重ねていくことが肝心です。

また、ケアレスミスをしてはもったいないですから、自分がしやすいミスを把握して、その対策を考えておくといいですね。

Q7 記述式解答が苦手です……。

記述式解答の問題は、国語だけではなくほかの教科でもだされます。この記述式解答にどのように対応すればいいのか、悩んでいるかたもいるでしょう。過去問には模範解答例しか載っておらず、市販の問題集の解答はそれぞれにちがっていることもあるからです。しかし逆に考えれば、絶対的な正解はないということです。記述式解答では受験生それぞれの答えを求めているのです。模範解答のような「おとなの言葉」で書く必要はありません。

とはいっても、おさえておかなければならないポイントはかならずあります。ポイントをつかんだうえで、自分の言葉で答えていくことが大切です。

なお、記述式解答は部分点を与えていく方式が一般的です。採点者が読めなければ意味がありませんから、ていねいな字で書くように心がけましょう。

Q8 入試当日は保護者がつきそうべきですか。

受験生は入試当日、大きな不安を抱え緊張もしています。中学生になればひとりで通う道のりではありますが、入試のときはまだ小学生です。保護者のかたがいっしょに来てくれれば、どれだけ心強いことでしょう。

公共交通機関を利用する場合は、途中でトラブルが起こる可能性も考えられます。その際に保護者のかたがそばにいれば、フォローすることが可能です。

できるかぎり試験会場までつきそい、別れ際にはお子さんを元気づける言葉をかけてあげてください。その言葉が受験生にとってなによりの励ましになることはまちがいありません。

Q9 入試当日の電車遅延が心配です。

たしかに、当日の天候や混雑状況によっては、大幅な遅延が発生したり、ダイヤが乱れることもじゅうぶんに考えられます。しかし、公共交通機関の遅延などについては、ほとんどの学校で、遅れた分の時間を繰り下げて別室で試験を実施するといった対応をしてくれるはずです。

「遅延証明書をもらわなければ」と思うかもしれませんが、駅構内が混雑していたり、時間に余裕がない場合には、無理してもらいにいく必要はありません。各校とも、ニュースや交通機関のホームページなどで、その状況は把握しています。

保護者もあわててしまうかもしれませんが、まずは落ちついて、焦りを感じるお子さんを安心させる声かけをしてください。

Q10 入試が終わるまで、保護者が待つ場所はありますか。

学校によっては、保護者用の控室や待機スペースが用意されていることもあります。その場合は、そこで待ちましょう。試験が終わるまでには数時間かかりますから、あらかじめ本を持参するなど、どう過ごすかを考えておくといいですね。

なお、学校以外の場所を試験会場とする場合や、小規模な学校では控室が用意されていないこともあり、またあったとしても、保護者全員を収容できるとはかぎりません。

またコロナ禍においては、控室を設けない学校もみられます。事前に控室がないとわかっている場合は、あらかじめ待機場所を探しておき、試験終了後、どこでお子さんと落ちあうかも決めておくと安心です。

Q11 入試の日に体調が悪くなってしまったら……。

みなさん、体調管理には細心の注意を払っておられるかと思います。ただ、どんなに気をつけていても、試験当日に体調を崩すことはありえます。そうした際は無理をせず、すぐに試験会場にいる先生に相談しましょう。

多くの学校で、保健室など、体調不良の受験生が受験するための別室を設けています。別室受験だからといって、試験時間が短くなったり、合否に影響したりすることはありません。安心して申しでてください。

なお、咳《せき》などがひどい場合は、学校側から、別室での受験をすすめられることもあります。その場合は、学校の指示を聞いて行動してください。

Q12 休み時間はどのように過ごすものですか。

混雑をさけるために早めにトイレをすませ、ひとりで静かに過ごすのがいいでしょう。たとえ解けなかった問題があったとしても、気持ちを切り替えて、つぎの教科に意識を向けてください。

もし同じ会場に友だちがいたら、答えあわせをしたくなってしまうかもしれません。

とくにむずかしい問題があった場合は、その答えが気になってしまうものです。

しかし、お互いの解答がまったくちがっていた、もしくは友だちは解けていた問題を自分は解けていなかった、といったことがあれば、動揺してつぎの教科に影響を及ぼすことも考えられます。避けた方がいいでしょう。

Q13 試験が連日の場合、翌日に備えて勉強した方がいいですか。

試験を終えて自宅に戻ったら、ゆっくりと身体を休め、気持ちをリフレッシュすることを意識してください。

首都圏の私立中学入試は、短期間にまとまって行われることがほとんどです。ハードなスケジュールを最後までこなすためにも、心と身体の休養が必要です。

翌日にも試験がひかえていると、「勉強しなければ！」と保護者も受験生も感じると思います。受験生本人が「勉強をしていないと逆に落ちつかない」と思うのであれば、少し机に向かうのもいいですが、試験があった日は、本人が思っている以上に身体も、心も、脳も疲れています。そのため、勉強する場合も、総復習ではなく、気になるところや重要事項の確認などにとどめておくようにします。

Q14 合格発表を見る際の注意点を教えてください。

心にとめておいてほしいのは、「結果を気にしすぎない」ことです。

すでにお伝えしたように、首都圏の私立中学入試は、短い期間に試験が集中します。そのため、当日に合格発表をする学校もあり、翌日に試験がある状態で合格発表を見る、という状況も生まれます。

そこでもし不合格の場合でも、「終わったこと」として受け止め、過度に落ちこんだり焦ったりしないようにアドバイスしてあげてください。

合格だった場合はもちろん、まず「おめでとう！」と声をかけていっしょに喜びましょう。ただ、その結果に浮かれることなく、すべての試験が終わるまで、全力で取り組むようにうながしてください。

結果に一喜一憂することなく、つぎの試験に向けて気持ちを切り替えることが肝心です。

Q15 繰り上げ合格はかならずありますか。

繰り上げ合格は、合格者のなかから辞退する人がでて、入学予定者が定員に満たなくなった場合に実施されます。そのため、辞退者がいなければ行われず、かならずあるとはかぎりません。

繰り上げ合格は、あくまで学校側が定員を調整するために行うものであると心にとめ、期待しすぎないようにしましょう。

ただ１校が繰り上げ合格を発表すると、ほかの学校でもつぎつぎに、ということはありえます。

多くの受験生や保護者が抱くであろう16のギモンについてお伝えしてきました。いかがでしたでしょうか。ここでギモンを解決したうえで、本番を迎えていただけたらと思います。がんばってください。

Q16 受験票を忘れてしまったらどうすべきですか。

忘れてはいけないとわかってはいても、ついうっかり受験票を忘れてきてしまったり、ちがう学校の受験票を持ってきてしまったりする可能性もゼロではありません。気づいたのが家をでてすぐであれば、取りに戻っても問題ないでしょう。しかし、すでに電車に乗っているような場合は、遅刻しないためにも無理に取りに帰るのはやめましょう。試験会場で係の先生に申しでれば、多くの場合、受験が認められるはずです。合否にも影響はありませんから、安心して試験にのぞむよう、お子さんに伝えてください。

とはいえ、受験票をはじめ筆記用具など、受験に必須な持ちものは、忘れないに越したことはありません。左ページの「持ちものチェックリスト」を受験校分コピーし、忘れものがない万全の状態で試験会場に向かいましょう。

月　　日(　)

中学校用　　受験番号

項　目	必要	チェック	備　　考
受験票			他校のものとまちがえないこと
筆記用具			鉛筆・ＨＢを６～８本。鉛筆をまとめる輪ゴム。小さな鉛筆削りも。シャープペンシルは芯を確認して２本以上
消しゴム			良質のものを２～３個。筆箱のほか、カバンにも
コンパス			指示があればそれに従う
三角定規			指示があればそれに従う
参考書・ノート類			空いた時間のチェック用。お守りがわりにも
当該校の学校案内			面接の待ち時間に目をとおしておくとよい
メモ帳			小さなもの。白紙２～３枚でも可。保護者が控室で使う場合も
腕時計			電池を確認。アラームは鳴らないようにしておく
お弁当			食べものの汁がもれないように。量も多すぎないように
飲みもの			温かいお茶などがよい
ハンカチ・タオル			２枚は必要。雨・雪のときはタオル２枚も
ティッシュペーパー			ポケットとカバンのなか両方に
替えソックス			雨・雪のときの必需品
カバン			紙袋は不可。使い慣れたものを。雨のとき、荷物がぬれないファスナーつきのものが便利
お　金			交通費等。保護者だけでなく本人も
交通系ICカード			Suica、PASMOなど。バスや電車の乗りかえに便利
電話番号 （なんらかの 事態発生時のため）			受験校（　　　　　　） 塾（　　　　　　） 家族携帯（　　　　　　）
上ばき			スリッパは不可。はき慣れたものを
雨　具			傘だけでなく、レインコートなども用意
お守り			必要なら
のどあめ			必要なら
携帯電話（保護者）			緊急連絡用。ただし受験生は試験場には持ちこめない
願書のコピー			面接試験があるときは、面接前にチェック。願書に書いた内容を聞かれることが多い
ビニール袋			傘や下足を入れたりするのに便利。複数枚あるとよい
カイロ			使わなくとも持っていれば安心
マスク			感染症の予防にはやっぱりこれ。不織布のものがおすすめ
消毒液			新型コロナウイルス感染症対策はおこたりなく！

＊必要受験校数をコピーしてご利用ください。

月経について学んでおきましょう

女の子のためのこころとからだのケア

女の子は10歳くらいになると、少しずつ身体に変化が現れはじめます。月経(※生理)もそのひとつ。月経は女の子がおとなの女性になるためにとても大切なできごとですが、受験を控えたこの時期には負担に感じることも多いのではないでしょうか。このコーナーでは、女の子が安心して試験日を迎えるために、受験期の月経とのつきあい方をご紹介します。

ご家庭で月経について話しあいましょう

小学校高学年の時期はいわゆる思春期にさしかかり、子どもたちは心と身体の変化にとても敏感です。

すでに月経が始まっているお子さんは、「体調が悪くて勉強に集中できない」「試験当日に月経になってしまったらどうしよう」という不安や悩みを抱えているかもしれません。また、まだ月経を迎えていないお子さんも、お友だちの体験などを聞いて、自分も「いつ」「どのように」月経が始まるのか不安に思っているかもしれません。

女の子の月経に関する悩みはいろいろです。お子さんの不安や悩みは当たり前のことと寄り添い、ご家庭でも月経について話しあうことが大切です。

月経とのじょうずなつきあい方を知ろう

初めての月経はとまどうこともありますが、前もって準備をしておくことで解決できることが多くあります。

まだ月経を迎えていないお子さんや月経周期が不安定なお子さんにとって「突然、月経になること」は、不安やストレスにつながります。学校や塾で急に月経がきたときに備えて、ナプキンなどの生理用品をお子さんのカバンに入れておくと安心です。事前にナプキンの使い方や使用後の処理の仕方についても試しておくと、対処に困ることがありません。

学校でも林間学校や修学旅行など、宿泊体験の前に月経についての授業を受けることがあります。男の子のいるご家庭でも、月経について話題にのぼるかもしれません。男の子には女の子の身体の変化は理解しにくいかもしれませんが、お互いを理解するよい機会です。女の子に思いやりを持てるように、男の子のいるご家庭でもぜひ話しあってみてください。

お子さんが安心して受験にのぞめるように、月経について正しく理解し、しっかり準備をして、月経とじょうずにつきあっていきましょう。

※「生理」は医学用語では「月経」といいます。

「これから月経を迎える女の子」に知ってほしいこと

Q これから月経が始まると思うと不安です

A 月経に対してなんとなく不安を感じている女の子は多いかもしれません。受験が近くなれば、なおさら強く感じることでしょう。しかし、初めての月経は小さな女の子が「女性」となり、新しい命を産める身体になっていくための、大切なできごとです。月経は、けっして面倒でいやなものではありません。月経はおとなの女性だったら、だれにでもやってくる自然なことなのです。女性の先輩であるお母さんなどに相談相手になってもらい、ふだんから月経を前向きにとらえられるようにしておきましょう。

Q どのような準備をするの？

A いつ初経を迎えても大丈夫なように、ふだんから月経に必要な生理用品を用意しておきましょう。ポーチにナプキンを２～３個と生理用ショーツを入れて、いつも使うカバンに常備しておけば、急に初経がきてもあわてることがありません。

ナプキンの使い方をおうちの人に聞いて、実際に試してみるのもいいでしょう。おとなと子どもでは快適と感じるナプキンの種類がちがうこともあります。自分に合ったナプキンを見つけておけば安心ですよ。使ったあとのナプキンはトイレに流さない、個別ラップでくるむといったエチケットもいっしょに覚えておきましょう。

Q 月経はいつなるの？

A 初めて月経を迎えることを初経といいます。では、初経はいつごろなるのでしょうか。初経を迎える時期は人《ひと》それぞれですが、目安としては身長が150cm、体重が40kg、体脂肪率が15%を超えたころといわれています。急に背が伸びてきたり、体重が増えてきて身体が女性らしい丸みをおびてきたら、初経が近いかもしれません。

Q 突然月経が始まってしまったらどうしよう

A 月経は急に始まります。左欄でも述べているとおり、ショーツと薄いナプキンを入れたポーチをふだんから持っておくことをおすすめします。

でも、用意ができていないこともあるでしょう。そんなときはまず落ちついて。もしナプキンを持っていなければ、学校でしたら保健室へ行きましょう。養護の先生が相談に乗ってくれます。

そして、汚したショーツは、おうちに帰ったらお子さん自身で洗うようにしてください。経血はお湯だと固まって落ちにくくなってしまうので、かならず水かぬるま湯で洗ってください。石けんを使ってモミ洗いするとよく落ちますよ。

「すでに月経を迎えた女の子」に知ってほしいこと

Q 月経前は勉強に集中できない！

A 生理前にはお腹や腰が重くなり、なんとなく勉強に集中できないことがあります。このような症状を和らげるために、生活面でできることがいくつかあります。

たとえば、食生活ではお茶やコーヒーなどカフェインの多いもの、またインスタント食品といった塩分の多い食品などをたくさんとらないように気をつけてください。甘いお菓子を食べ過ぎたり、眠気をさますためといって、カフェイン飲料をたくさん飲んでしまうと、かえって症状が悪化してしまいます。思春期にはとくにバランスのとれた食事がとても大切です。無理なダイエットにも注意が必要です。

Q 憂うつなときに元気になれる方法を教えて

A 食生活に気をつけたり、カモミールやペパーミントなどのハーブティーを飲んだりするのも、身体を温めてくれるのでおすすめです。また、適度な運動も効果的です。

ほかにも、大好きな音楽や香りで元気になる方法もありますし、ぐっすり眠れるように寝具や照明を工夫したり、ミルクを人肌に温めて飲むのもいいでしょう。自分なりの気分転換法を見つけ、元気に過ごしましょう。

月経痛体操

❶あお向けに寝て、そろえた両膝をあごに近づくまで上げてから、ゆっくり元に戻す動作を10回ほど繰り返す。

❷うつぶせで腕と膝を立て、猫のように背中を丸めたり伸ばしたりします。

Q 月経が不規則です

A 月経が始まる前には、おりものが増えたり胸が張ったりします。ほかにも便秘や下痢、ニキビができたり、また精神的にはイライラや憂うつなど、気持ちが不安定になることもあります。こうしたいろいろなサインが身体に現れますので、ふだんから気をつけてみてください。

月経の周期を記録しておくことも大切です。月経周期がわかってくれば、つぎの月経日の目安になります。とはいえ、初経を迎えてすぐの場合は、周期的に月経がくる人は全体の半分くらいです。とくに受験期にはストレスによって月経の周期が変わることもあります。月経が止まったり、逆に受験当日に突然きてしまうことも考えられます。いつもナプキンを携帯してカバンに入れておくと安心です。

Q 月経痛でお腹や腰が痛いときはどうすればいいの？

A お腹が痛いときは、毛布や使い捨てカイロなどで下腹部を温めて、月経痛体操で骨盤内の血流をよくすることが効果的です。それでも月経痛がひどい場合は、早めに痛み止めを飲むという方法もあります。痛み止めは市販のものでよいですが、薬を飲む量や間隔はきちんと守ってください。胃の不快感や眠気など副作用をともなうこともあるので頭痛・歯痛のときなどに飲み慣れている薬が安心です。また、痛み止めが効かないほどひどい場合は、早めに産婦人科のお医者さんに相談してみてください。

Q 試験会場で急に月経が始まってしまったら

A 試験会場で急に月経がきてしまうことも考えられます。もしもそのときにナプキンがなければ、清潔なハンカチやハンドタオルをたたんでナプキン代わりにしてください。トイレットペーパーを多めに重ねても代用できます。お昼休みなど時間が取れるときは、恥ずかしがらずに試験官の先生に相談してみましょう。保健室には生理用品が備えてあるはずです。

Q もしも外出中に洋服を汚してしまったら

A 試験会場など、外出先でスカートなどの洋服を汚してしまったら、セーターやトレーナーを腰に巻いてしまいましょう。コートがあるなら、はおってしまえば隠れてしまいます。

試験日に月経が重なってしまったときは、あらかじめ長めのナプキンを使っておくとよいでしょう。試験会場のトイレは混みあうこともあるので、休み時間など替えられるときにはこまめに替えるようにしておきましょう。

試験当日 困ってもあわてなくて大丈夫

Q 試験当日に月経がきそうで不安なときは

A そろそろ月経になりそうで不安だと思ったら、試験当日の朝からナプキンを下着にあてていくとよいでしょう。試験日には受験票や筆記用具などの持ちものといっしょに、生理用品を用意してください。

ほかにも、いざというときの痛み止め（頭痛・歯痛などで使い慣れたもの）を持っていったり、万が一、経血がモレてしまってもめだたないような黒っぽい色の暖かい服装ででかければカンペキです。

前もって準備し、心がまえをしておくことで、月経で困ることのほとんどが解決できるものです。あとはいつもどおりの自分でしっかり試験にのぞめるようにしてください。

月経のときのお風呂効果

身体が冷えて月経痛がひどいときは、お風呂に入ってゆっくり湯船につかるのが効果的です。お風呂は身体を清潔に保ち、月経の不快感を和らげてくれます。お湯に経血が混じることが気になるかもしれませんが、お湯の水圧がお腹にかかって、お風呂のなかではほとんど経血はでないことがわかっています。

もちろん、貧血ぎみのときや体調が悪いときは無理せず、シャワーですますなど、じょうずに活用してください。

受験の極意＝時間の管理

『時間を制する者は受験を制する』。例えば過去問を解こうとするとき、与えられた時間のなかでどの問題にどれぐらいの時間をかけて解いていけば、合格圏に入れるのか、それを知ることが大切です。

時間を「見える化」して、受験生自身が時間の管理に習熟することが、合格への道と言えます。

そのための魔法の時計「ベンガ君」（大〈No.605〉・小〈No.604〉）が、合格への道をお手伝いします。

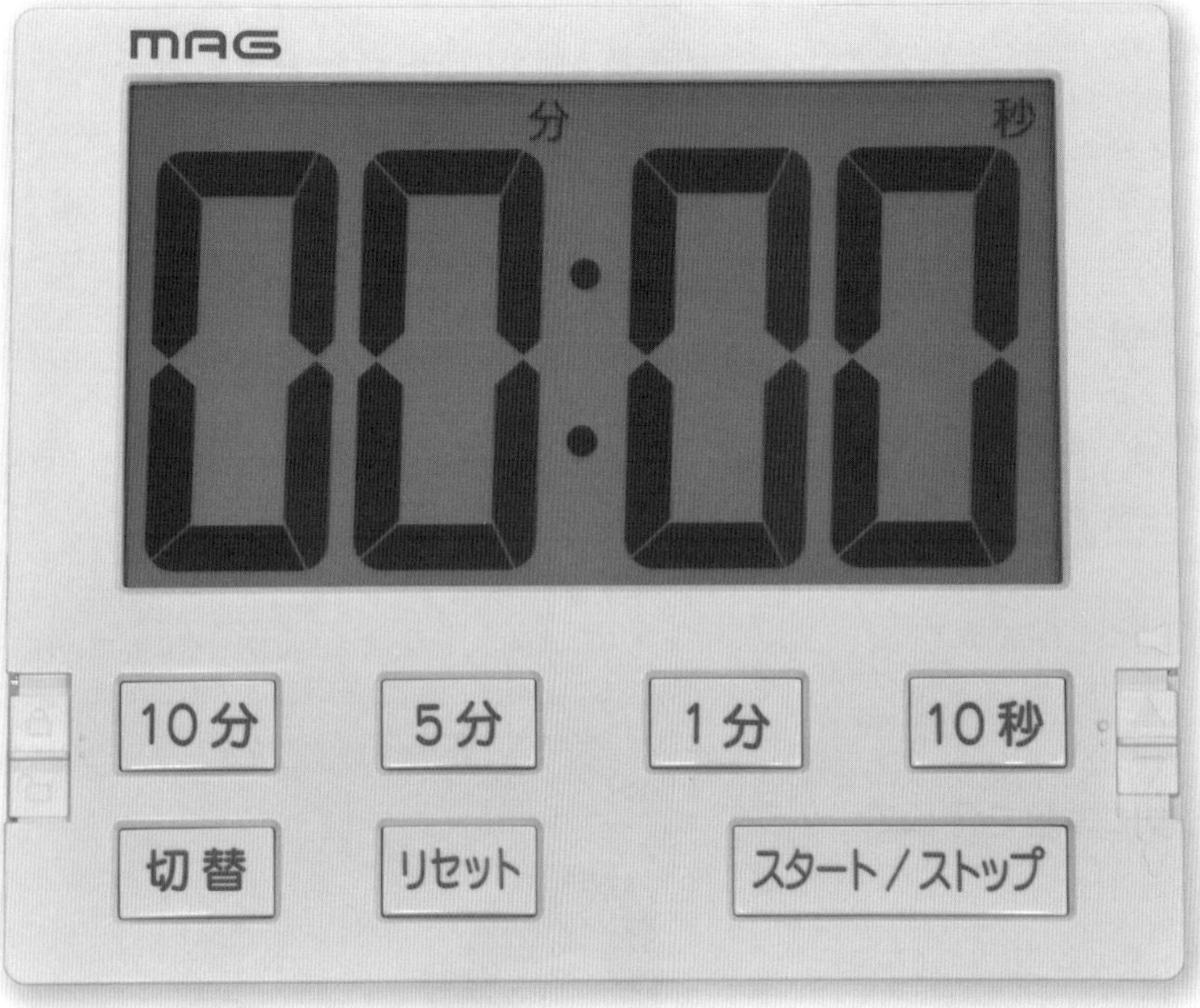

㊧ベンガ君605
14㎝×11.5㎝×3㎝
重量：190 g
価格：**2,200円（税込）**
送料：（梱包費・税込）
2個まで500円
4個まで1,050円
9個まで1,500円
10個以上送料無料

写真はともに原寸大

㊦ベンガ君604
8.4㎝×8.4㎝×2㎝
重量：80 g
価格：**1,320円（税込）**
送料：（梱包費・税込）
2個まで250円
4個まで510円
9個まで800円
10個以上送料無料

デジタルタイマー ベンガ君 シリーズ

スマホのストップウォッチ機能では学習に集中できません！

●デジタルタイマー「ベンガ君」の特徴と機能

・カウントダウン機能（99分50秒～0）
・カウントアップ機能（0～99分59秒）
・時計表示（12/24時間表示切替）
・一時停止機能＋リピート機能
・音量切換
（大／小／消音・バックライト点滅）
・ロックボタン（誤作動防止）
・立て掛けスタンド
・背面マグネット
・ストラップホール
・お試し用電池付属
・取り扱い説明書／保証書付き

スマホを身近に置かないことが受験勉強のコツです。触れれば、つい別の画面を見てしまうからです。

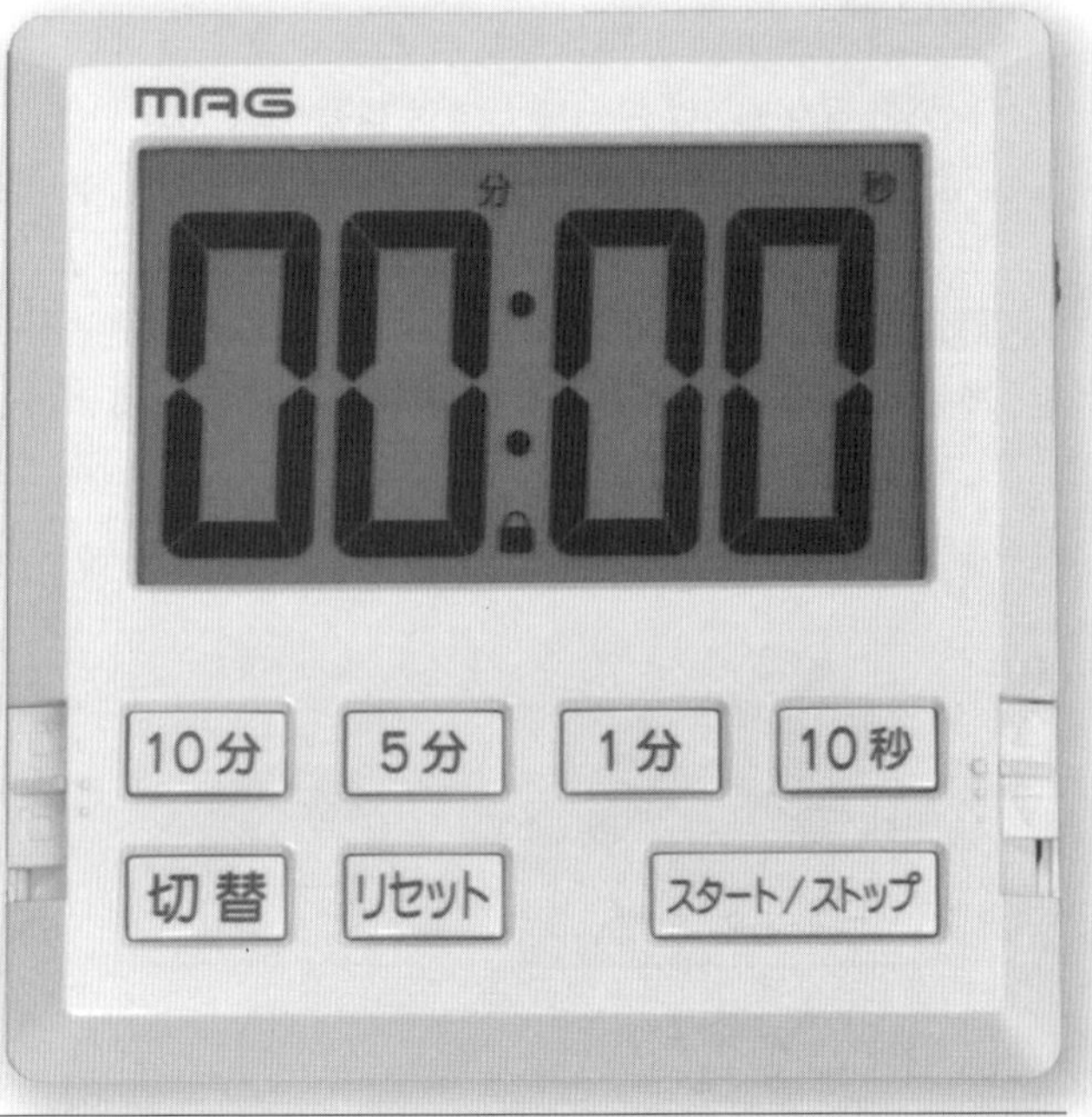

●お支払い／郵便振替（前払い）・銀行振込（前払い、下記へ）●お届け／郵送（入金1週間前後）

株式会社グローバル教育出版通販部　〒101-0047 東京都千代田区内神田2-4-2　電話 03-3525-8484

■価格および送料は予告なく改定されることがあります。お申し込み時にご確認ください。■お客様の個人情報は、商品の発送および弊社からのご案内以外に使用されることはございません。

■銀行振込先／三井住友銀行神田支店　普通預金7922258　株式会社グローバル教育出版

2024年度入試用 **首都圏**

中学受験情報誌 合格アプローチ 臨時増刊

公立中高一貫校ガイド

好評発売中！

●全国の書店でお求めください

首都圏の公立中高一貫校のすべてがわかる最新ガイド全23校を完全網羅！

A４変型 120ページ
定価：1100円（10％税込）
ISBN978-4-86512-267-1

●2023年度入試の結果から2024年度入試を予測する
●首都圏公立中高一貫校23校 校長先生インタビュー
●森上教育研究所所長・森上展安氏が選ぶ「公立中高一貫校と併願してお得な私立中学校」

株式会社 グローバル教育出版
〒101-0047 東京都千代田区内神田2-4-2 一広グローバルビル3F
TEL：03-3253-5944（代） FAX：03-3253-5945
https://www.g-ap.com

2024年度入試用 首都圏

中学受験情報誌 合格アプローチ 臨時増刊

国立私立 中学校 厳選ガイド 218校

好評発売中

直接購入ご希望のかたは
☎03-3253-5944
グローバル教育出版
営業部、または弊社ＨＰ
よりご注文ください

全国の書店でお求めください

Ａ４変型版 148ページ
定価：本体1,980円（10%税込）
ISBN978-4-86512-263-3

現在、国内には848校（文部科学省：2022年度学校基本調査）もの国立・私立中学校があります。そのうち、首都圏には300校以上が所在しています。また、国立・私立だけではなく、公立の中高一貫校もその存在がクローズアップされるようになってきました。多くの選択肢のなかから、各ご家庭の考え方やポリシーに合わせた教育を選ぶことができるということは、非常に幸せなことです。

その反面、選択肢が多ければ多いほど、悩んでしまうご家庭も少なくありません。とくに初めて中学受験を経験されるご家庭においては、学校選びは大変な作業です。

本書はそのような保護者のかたに、少しでもお役に立てれば、との思いから生まれたものであり、毎年改編を重ねています。ここに登場する218校の学校については、その教育理念や授業の特色など、学校の素の姿をお伝えすることを第一として編集を行っております。そのため、いわゆる偏差値や学力の指標となるものは掲載しておりません。それは数字だけでなく、ご家庭の教育方針やお子さまに合った学校を選んでいただきたいからです。

学校の紹介にあたっては、各校の校長先生ならびにご担当の先生がたに多大なご協力を賜り、厚くお礼申しあげます。本書をつうじて、各ご家庭が、より望ましい学校教育を選択されることを願ってやみません。

株式会社 グローバル教育出版
〒101-0047 東京都千代田区内神田2-4-2 グローバルビル3F
TEL：03-3253-5944（代） FAX：03-3253-5945
https://www.g-ap.com

あとがき

いよいよ入試が近づきました。まさに正念場のこの時期、保護者のみなさんにとっても胃の痛むような日々ではないでしょうか。

本誌は、そんな保護者、受験生のために「入試直前期」にスポットをあてて編集されました。

これまで、一生懸命中学受験に向かって勉強に取り組んできた受験生を見守ってきた保護者のかたなら、だれもが「合格」を手にしたいのは当たり前。神にも祈りたいといった心境でしょう。

でも、ほんとうの「ゴール」はもっとさきにあるはずです。

そのことに思いを馳せることができる保護者のかたは、お子さんにも余裕を持って接することができるでしょう。

温かい笑顔での言葉がけが、どんなにお子さんを勇気づけるかわかりません。これからの時期はお子さんに「安心感」を与えつづけることが大切です。どうか、家族みんながおおらかな気持ちで、肩を組んでゴールへと飛びこんでください。

「中学受験」をつうじて、お子さんにも保護者のみなさんにも、すばらしい成果がもたらされることを願ってやみません。

『合格アプローチ』編集部

中学受験

合格アプローチ 2024年度 入試用

中学受験直前対策号
入試直前 必勝ガイド

©PIXTA

営業部よりご案内

『合格アプローチ』は首都圏有名書店にてお買い求めになれます。

万が一、書店店頭に見あたらない場合には、書店にてご注文のうえ、お取り寄せいただくか、弊社営業部までご注文ください。ホームページでも注文できます。送料は弊社負担にてお送りいたします。代金は、同封いたします振込用紙で郵便局よりご納入ください。(郵便振替 00140-8-36677)

2023年11月10日初版第一刷発行

定価：1,100円（10％税込）

発行所／株式会社グローバル教育出版
〒101-0047 東京都千代田区内神田2-4-2
一広グローバルビル3F
郵便振替 00140-8-36677

©本誌掲載の記事、写真、イラストの無断転載を禁じます。

ご投稿・ご注文・お問合せは **株式会社 グローバル教育出版**

電話番号 03-3253-5944《合格しょう》(代)　FAX 03-3253-5945

URL https://www.g-ap.com　e-mail gokaku@g-ap.com

英語で自己表現できる生徒を育てる英語教育

本校の英語教育では、「日本」「世界」の両方に目を向けながら、英語で自己表現できる生徒の育成を目指します。独自の英語教育プログラム『和洋ラウンドシステム』では、生徒の「知りたい」「伝えたい」という気持ちを育みながら、教科書を「くりかえし」学び、母国語を習得するのと同じプロセスで英語を学びます。リスニングや英語でのやり取りを通してレッスン内容に興味をもつことから始め、生徒自身の英語力で自分や社会のことを表現できることを目標にしています。

実験・観察を重視した理科教育

理科の授業は週４時間。「実体験から学ぶ科学」を掲げ、３年間で１００項目の実験・観察を取り入れています。五感を使った体験型授業を展開し、身の回りの自然科学への理解を深めています。1.2年生では液体窒素を使った状態変化の実験やブタの心臓の観察など本校独自の内容を取り入れ、理科への興味・関心を高め、３年生では課題研究に取り組むことで、自然科学への探究心を育て、科学的思考や実生活に応用する力を養います。

◆入試日程

- 推薦入試　12/1 金　基礎学力テスト　探究型テスト
- 一般入試
  - 第１回　1/20 土　２・４科目　英語＋２科目
  - 第２回　1/24 水　２・４科目

◆学校説明会　要予約

12月　9日 土　14:00～
1月　6日 土　10:00～

※開催日によって、内容が異なります。
詳細はＨＰをご覧ください。

わようこうのだい　検索

2023年度より新制服

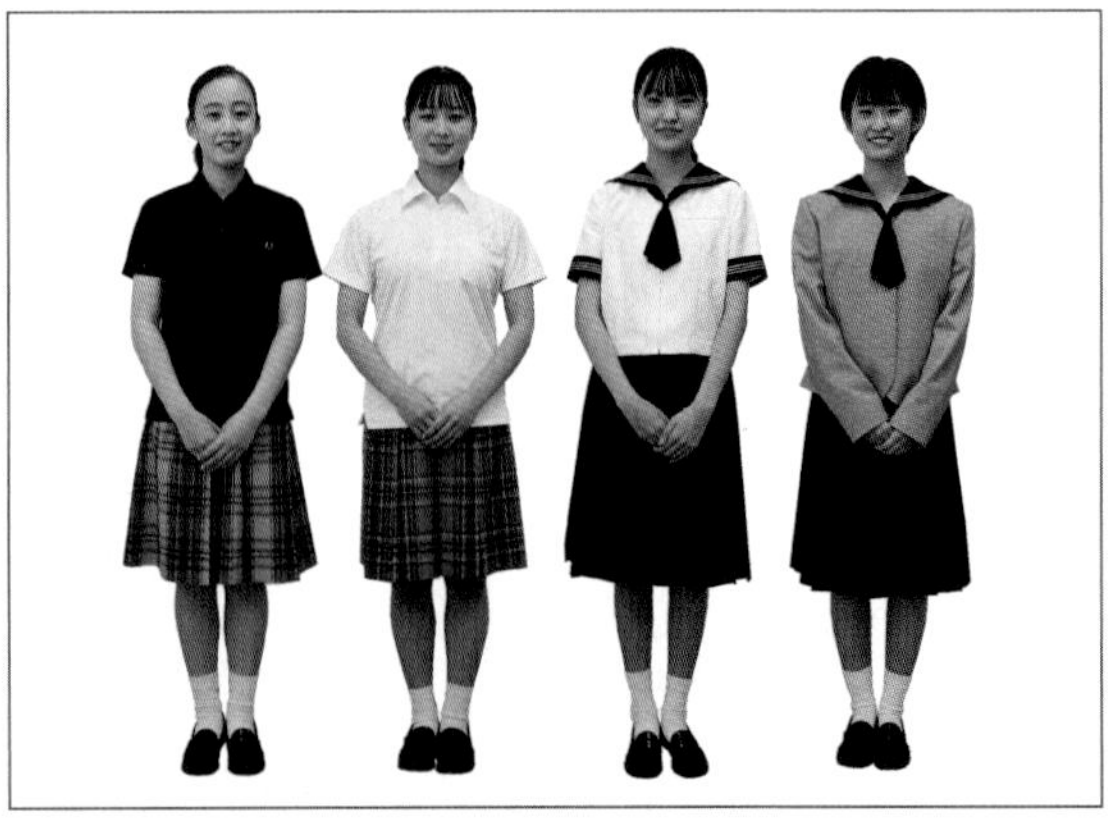

和洋国府台女子中学校

〒272-8533　千葉県市川市国府台 2-3-1　TEL.047-371-1120

6年間の中高一貫教育であなたの夢を育てます

東海大学菅生高等学校中等部

SUGAO GAKUEN TOKAI UNIVERSITY SUGAO Junior High School 2024

入試日程

2/1（木）午前　第1回A　男女40名
午後　第1回B　男女15名
兼特待生入試　（特待生を含む）

2/2（金）午前　第2回A　男女10名
兼特待生入試　（特待生を含む）
午後　第2回B　男女5名

2/4（日）午前　第3回　男女若干名

2/6（火）午前　第4回　男女若干名

学校説明会 ＜要予約＞

教育方針内容説明・入試説明・校舎見学・個別相談など

1/6（土）14:00〜

入試体験教室 ＜要予約＞

入試体験・問題解説・ミニ説明会など

11/25（土）14:00〜　算数・国語・算数特化型

12/17（日）10:00〜　算数・国語

2ヶ所からスクールバスが運行中

- 八王子駅
- 楢原（西東京バス楢原営業所前）

朝は完全指定席制で、
必ず座って登校できます

路線バスからのアクセス

・JR秋川駅北口より西東京バス「菅生高校」行き　約11分
・JR小作駅西口より西東京バス「菅生高校」行き　約13分
↓
「菅生」「学びの城」下車
※「学びの城」には止まらないバスもございます。

上のQRコードを読み取るだけで
本校のサイトにアクセスできます

〒197-0801 東京都あきる野市菅生1468　TEL.042-559-2411
https://www.tokaisugao-jhs.ed.jp/

9784865122756

1920037010003

ISBN978-4-86512-275-6

C0037 ¥1000E

定価 1100円（10%税込）

英国《えいこく》で学《まな》び、
世界《せかい》へ羽《は》ばたく。

「充実した日本の教育」と「本場の英語教育」を両立し、世界で活躍できる真の素養を育みます。

立教大学への推薦枠が拡がりました

- 文部科学省認定、海外最初の全寮制日本人学校
- 広大で緑豊かなキャンパス
- 入学時に特に高い英語力や資格は必要ありません
- 保護者が日本在住でも入学が可能です

2024 年度 立教英国学院 入試日程

A日程	出願期間	2023 年 11 月 1 日（水）～ 2023 年 11 月 22 日（水）まで 必着
	学科試験日	2023 年 12 月 10 日（日）中学部・高等部共通
B日程	出願期間	2023 年 12 月 18 日（月）～ 2024 年 1 月 11 日（木）まで 必着
	学科試験日	2024 年 1 月 21 日（日）中学部・高等部共通

学校説明会のご案内

予約制 **12/9（土）**
東京 14:00 ～ 16:00

会場・TKP ガーデンシティ竹橋
東京都千代田区一ツ橋 1-2-2 住友商事竹橋ビル 2F

詳細は立教英国学院ホームページをご覧ください

入試日程について
入試に関する詳細情報は本学 Web サイト入学試験ページをご確認ください。右のコードをご利用ください。

オンライン学校説明会
本学 Web サイトにオンライン学校説明会動画を掲載中です。右のコードをご利用ください。

ご予約について
学校説明会へのお申し込みは本学 Web サイト専用フォームにて受付いたします。右のコードから、学校説明会情報ページをご確認ください。

RIKKYO SCHOOL IN ENGLAND
立教英国学院
―― 立教大学系属校 創立 1972 年 ――

小学部（5・6 年）
中学部
高等部

立教英国学院東京事務所 〒171-0021 東京都豊島区西池袋 3-34-1 立教学院内
Tel / Fax: (03)3985-2785 / E-mail:tokyo@rikkyo.uk